Tosso Herz

Der Hilger
und sei Sach

—

Altbayerische
Heimatpflege
wider den
tierischen Ernst

Tosso Herz

Der Hilger und sei Sach

Altbayerische Heimatpflege
wider den tierischen Ernst

Verlag Passavia Passau

4. Auflage · 1977

—

Verlag Passavia Passau
© 1974 Printed in Germany
Satz, Druck, Bindung:
Passavia Druckerei AG Passau
Gestaltung: Max Reinhart
Zeichnungen: Trude Richter,
Tegernsee

ISBN 3 87616 044 8

Dieses Buch widme ich dem Mann,
dessen fachkundigem Rat, dessen Hilfe und Ansporn
die Rettung des Hilgerhofes,
zugleich aber auch die Schwindsucht meines Sparschweins
zu verdanken ist:

Direktor Dr. Paul Töpfner †

Sprinzenberg,
ehemaliger Kreisheimatpfleger
des Landkreises Traunstein

Die beschriebenen Handlungen und Personen sind nicht
rein zufällig, sondern authentisch und exakt nachweisbar.
Der Verfasser behauptet mit Stolz, daß er kein Dichter und
Komödienschreiber ist, sondern ein ehrlicher Mensch, der
nur das schreibt, was er wirklich weiß und was
in seinem Herzen steht.

Im übrigen glaubt er, daß Beschriebene,
Betroffene und auch Leser einen Spaß verstehen
und nicht gleich grantig werden.

Wer a Geld hat
und ist saudumm,
der kauft a alt's Haus
und baut es um

Weilheimer Tagblatt

Münchner Merkur

Tölzer Kurier

Miesbacher Merkur

Isar-Loisach-Bote

Tegernseer Zeitung

Suche altes Bauernhaus

Da stand es nun in der Zeitung. Fettgedruckt unter anderen mehr oder weniger interessanten Anzeigen: »Suche altes Bauernhaus«. Mit diesen paar Worten hat etwas angefangen, was mich etliche Batzen vom sauer ersparten, guten Geld kosten sollte, eine Menge Haar von meines Kopfes Zierde, Nerven und Geduld – alles Sachen, mit denen vernünftige Leut vorsichtig umgehen sollten. Aber es hat auch was angefangen, das mein Leben umkrempelte und mir viel Schönes bescherte.

Also, ein Bauernhaus hat es sein sollen. Von mir aus reparaturbedürftig. Mühsal und Ärger hätt ich wohl auf mich nehmen wollen. Und so hab ich dann starrsinnig wie ein kleines Kind meine Absicht verfolgt. Denn einmal wollt ich sagen können: Des is mei Sach!

So richtig angegangen ist die ganze Gschicht eigentlich schon in meiner Kindheit. Schon damals gehörte meine größte Liebe dem altbairischen Brauchtum und der bäuerlichen Kunst. Wenn ich in München als Bub den Trachtenzug hab sehen dürfen, ist mir so warm ums Herz 'worden. Stand ich aber mal vor einem alten Bauernhaus, dann hat meine Mutter mich kaum fortzerren können. Die kleinen Fenster, das verwitterte, von der Sonne verbrannte braune Holz, die roten Geranien – all diese Pracht war für mich überwältigend. Und schon damals hab ich den Wunsch kommen spüren: Später einmal, wenn ich groß bin, dann möcht ich was tun, was mir und vielleicht auch anderen eine Freud macht. Eine ehrwürdige Sach herrichten, etwas erhalten. Wär ich recht stolz auf mich selbst, so könnt ich wohl glauben, es war der Wunsch, ein gutes Werk für die Nachwelt zu tun. Stolz bin ich aber rein gar nicht. Jedoch sagen jetzt wirklich etliche Leut: »Da hot da Herz eigentlich allerhand auf d' Fiaß gstellt.«

Mag's sein, wie's ist – mich freut's. Das, was die Leut sagen und das, was ich mir da aufgehalst hab. Denn ich hab's schließlich auch finden können, das alte Bauernhaus. Doch schön der Reihe nach. Bei der Kindheit war ich stehen geblieben.

Vielleicht war's nur der gute Geruch, der so einem alten Haus anhing: Dörrobst und Selchkammer. Wenn man's versteht, auch inwendig zu schnuppern, dann spürt man die schicksalsvolle Beziehung des Hauses zu den Menschen, die es einmal mit Leben erfüllten. Auch das hab ich als Bub schon ein bisserl können.

Je älter ich wurde, desto mehr tat's mir in der Seele weh, wie all die schönen alten Dinge verkamen. Plötzlich hatten die Bauern nicht mehr die rechte Freud am Alten. Und ganz arg wurde es, als ich sah, wie die Herren Ökonomen billiges, glattes, aber »modernes« Mobiliar in der Stadt oder gar per Katalog kauften und es für die alten gemalten und geschnitzten Kästen und Truhen hinstellten. Manche verstümmelten gar barbarisch das Haus selbst oder rissen es gleich ganz nieder.

»Suche altes Bauernhaus« – die Idee hat mich verfolgt. Meiner Seel, bei dieser Verfolgungsjagd hab ich mehr als 200 Höfe inspiziert und einige Jahre damit verbracht, wie ein Hausierer über Land zu ziehen. Aber wie einer, der was kaufen will und nicht kann. Stapelweis verschickte ich Rundbriefe an Gemeinden und Bürgermeister. Verständnislosigkeit war sehr oft das Echo. Es wollte nicht in die Quadratschädel so mancher neuzeitlich denkender Bauern-Bürgermeister, daß da ein Stadterer für nix und wieder nix ein altes Bauernhaus hat retten wollen.

Aus der Mode gekommene Schulen, verwaiste Pfarrhöfe, tote Wirtshäuser haben sie mir angeboten; verfallene Turnhallen und Geräteschuppen, Feuerwehrhäuser, aber hin und wieder auch mal einige richtige Bauernhäuser aus der Zeit nach der Jahrhundertwende.

Die bayrische Landschaft, die hab ich dann gründlich kennengelernt. Daß sie schön ist, wußte ich sowieso. Wie weitläufig sie sein kann, erfuhr ich jetzt. Auf einigen hunderttausend Kilometern Landstraße und Feldwegen habe ich auf der Suche nach meinem alten Bauernhaus zwei Autos total friedhofsreif gefahren; immer auf der Jagd nach dem Objekt meiner Träume.

Freilich, Zuschriften hab ich massenweis gekriegt. Unter anderen den Brief von der Habersetzer Anastasia aus Wölfl, Post Penzberg. Am 9.7.1962 hat sie geschrieben:

Werter Herr,

Ihr Inserat habe ich gelesen. Sie suchen ein altes Bauernhaus was ich ihnen schon wüßte. Ist zur Zeit unbewohnt und etwas eingefallen was man richten müßte. Das Haus steht mitten im Wald. Schwammerl und Beeren wachsen vor der Haustür. Quellwasser mit Forellen sind auch vorhanden und fließen zum kleinen Arbersee. Da ich den Besitzer kenne und wenn sie mir für meine Auslagen was geben, würde ich mit ihnen hinfahren und ihnen das zeigen. Sicher wollen sie ihr Geld gut anlegen. Besser wie dieses Haus sind vielleicht Briefmarken. Habe 12 Stück englische Briefmarken! Portrait der jetzigen Königin Elisabeth von England. Wenn sie die von mir kaufen, könnten sie sich die ziemlich sehr hohen Reparaturkosten von dem Haus sparen und hätten später einmal mehr Profit. Geben sie mir bitte Antwort.

Trotz der Schwammerl hab ich auf das Haus im Wald und auch auf die Briefmarken verzichtet. Bei meinen erfahrungsreichen Entdeckungsreisen festigten sich dann die Wünsche. Ein schöner, alter Bauernhof sollte es sein, so 17. bis 18. Jahrhundert; mit viel Holz und Zimmermanns-Verbundwerk. Ich wußte auch, wo mein Haus stehen sollte. An der Südseite eines kleinen Dorfes, mit freiem Blick. Und natürlich abseits vom Fremdenverkehr. Aber eine kleine Straße sollte schon da sein, auf der das Milchauto vorbeifährt. Damit man weiß, daß man auch im Winter nicht ganz abgeschnitten ist.

Der Einödhof

Recht schwer zu finden war er, der Einödhof. Und seinem Namen machte er schon Ehre. Irgendwie kam ich jedenfalls hin. Fast! Nach einer verunglückten Kehrtwendung bin ich mit dem linken Hinterrad in der Letten erstickt. Aber wirklich gleich ganz sakrisch. »Ja, bluatiger Hennadreck!« Da hat kein Rangiermanöver mehr geholfen.

»Tua an Rückwärtsgang nei und fahr no an guatn Meter zruck!« »Zruck!!«, brüllte der Bauer durchs Seitenfenster, und ich fuhr nochmals zruck, bis ich dann endgültig mit beiden Hinterrädern festsaß. Dafür ging mir der Gaul durch. »Geh, leck mich doch am Arsch! Du mit deim bledn ›Zruck‹.«

»Na, heit ganz gwiß net«, schlug der Bauer meine Aufforderung aus. »I muaß nämle heit no zum Zahndokter, und wannst da'n gscheit putzn tatst, brauchats des eh net.« Grinsend ging er, holte den Traktor und zog mich heraus.

Der Bauer, Korbinian Leitner hat er geheißen, der mir geschrieben hatte, sah wüst aus. Er trug eine alte, zerschlissene, lederne Motorradkappe und darüber noch einen uralten ausgefransten Hut. Drei zerrissene Hemden hatte er übereinandergezogen, damit seine Blößen wirklich bedeckt waren. Offensichtlich ein kompletter Rückversicherer. Seine Hose hatte mehr Falten als meinem Großvater sein Gesicht.

In seinem Anwesen schaute es aus, daß sich ein kreuzbraver Steuerzahler mit Recht fragen mußte, warum wir Entwicklungshelfer für kleine ferne Länder stellen und Entwicklungshilfe zahlen. – In der Stube, der Speisekammer und der Flöz gab's nur Lehmboden. Mobiliar war fast gar keins da. Aber Nägel gab's an der Wand, an denen alter Plunder hing. In seiner Schlafkammer haben die Äpfel am Boden gelegen, und ich mußte mich überzeugen, daß das Wort Bettwäsche für ihn ein Fremdwort war.

Ein älteres Weiberl schlich mit demütig hängender Lätschen vorbei. Er hat ihr mit seiner klobigen Rechten hinterm Rücken einen Wink gegeben. Verschwinden sollte sie. Und dann erzählte er: »Woaßt, des is seit vierzehn Tag mei Alte. Des siehgst, mit der brauchst eh nix redn. Die hot bei mir eing'heirat.« Und vertraulich fügte er hinzu: »Aber des sag i da: wann i vorher gwußt hätt, daß die offene Fiaß hot, na hätt i s' niea gnumma.«

Also, zwanzigtausend Markl bar wollte der Leitner Korbinian für seine alte, verkommene Bruchbude haben. Mit einem ganz einem kleinen Grund drumrum. Die Lage war schon nicht besonders, und das Haus weder historisch noch erhaltungswürdig. Der Leitnerbauer war schön dreckert. Aber blöd, das war der gwiß nicht. Deshalb hat er mir meine »Begeisterung« rasch angemerkt.

»Woaßt,« meinte er, »wanns da z'deia viakimmt, na konnst oans doa. Du woaßt ja, drent vorm Haus ghört aa no a Stückl Grund dazua. Bestimmt host an Bruadern oder irgend so oan, der aa von da Stadt außer wui. Also, wenn sich da so oana a Häusl hibaun mecht, des kunnt der da scho. Und jetzt paß auf.«

Bei dieser Gelegenheit machte er ein sehr schlaues Gesicht und deutete mit dem rechten Zeigefinger an sein Hirn.

»Dem verkaffst den Grund um de zwanzgtausend Mark, und mei ganz Sach kost di nix.«

Der Ankauf

Ich sag's wie's ist: Der Ankauf von dem Hilgerhof war keine leichte Sach. Am 29. November 1962 schrieb mir die inzwischen selige Maria Hans, Bäuerin zu Niederbrunn, mit feinsäuberlicher Schrift einen zwei Seiten langen Brief. In dem hat gestanden, daß sie in der Altbayerischen Heimatpost vom 2. Dezember (!) mein Inserat gelesen habe, mit dem ich ein kleines Bauernhaus suche. Zunächst konstatierte ich, daß die Heimatpost sehr schnell ist mit ihrer Auslieferung. Denn schon vor dem offiziellen Erscheinungstag hatte ich mein erstes Angebot.

Ob's wieder ein Grund war zum Herzpumpern vor lauter Vorfreud? Wie ein Kind hab ich mich über jeden Brief freuen können, bis dann doch meistens schon zwischen den ersten Zeilen die Ernüchterung hervorschaute. Aber jetzt: Ein kleines Bauernhaus, oben Holz, und so recht im oberbayerischen Stil, am End von einem kleinen Dorf mit fünf Bauern, freistehend, mit ungefähr einem Drittel Tagwerk Wiese ums Haus, sehr schöner Ausblick auf Wald und Gebirg, Wendelstein von der westlichen Seite, südlich die Kampenwand, Hochgern und Hochfelln. Nur – das Haus sei sehr reparaturbedürftig, meinte sie. Aber seinem Besitzer täte es viel Freude machen. Um vertrauliche Behandlung bat die Bäuerin, und ich sollte kommen.

Über einen Meter Schnee hat's gehabt. Und saukalt war's. Die Landleut waren sehr freundlich, aber sie hatten eine handfeste Sprach. Da hab ich sofort gemerkt, daß es nicht einfach ist für einen Stadtfrack, schnell in so eine kleine Dorfgemeinschaft aufgenommen zu werden. Noch dazu, wenn's notarisch werden soll. Welcher echte Bauer verkauft auch schon gern ein Stück von seinem Grund, damit ein Fremder zuziehen kann? Da muß der sich schon gehörig mit seiner nächsten Nachbarschaft abstimmen, um die in Frage kommenden Interessenten zu prüfen.

Oh mei, des Malheur – ich hatte einen Konkurrenten. Sogar einen echten Advokaten. Hoch vom Norden. Und mehr bieten als ich tät er auch, so haben die mir erzählt. Das ist mir schon in die Knie gefahren wie ein Schlitten von hinten. Jetzt hieß es hellwach und schön nüchtern sein.

Die gute alte Hans-Bäuerin hatte den Hof noch nicht an ihren Sohn Ludwig übergeben. Aber beraten hat sie sich natürlich mit ihm, mit der Tochter Maria und auch mit den Nachbarn. Schon wegen dem guten Verhältnis. Einsicht und Geduld mußte ich schon haben. Die handfesteren Argumente lagen auf der anderen Seite vom Tisch: Ein paar Tausender mehr, die der norddeutsche Rechtsanwalt hinblattln wollte. Und der neue Jungvieh-Stall, der hat auch einen Batzen Geld gekostet.

So fuhr ich halt wieder heim. Aber mit keinem ganz ungutem Gefühl. Ein bisserl kenn ich doch meine Bauern schon. Die sind doch so: Auch wenn sie noch so sehr übers Kreuz sind und sich bei passender Gelegenheit die Maßkrüge über die harten Schädel hauen, mit Gericht und Schandarm wollen die nichts zu tun haben. War aber mein Konkurrent nicht Advokat? Und dazu noch a Preuß?

Mein Vater selig hingegen ist schließlich Himmelträger von St. Franziskus gewesen, und ich bin geborner Münchner und war sogar einmal Ministrant.

Für mich war klar, daß ich nach Lage der Dinge als katholischer Altbayer den Zuschlag bekommen mußte, auch wenn ich Versicherungsdirektor bin und man da auch gewisse Bedenken haben konnte.

Am 1. Februar 1963 hat der Jungbauer seine Mutter mit zum Notari nach München in die Maffeistraße gebracht, weil wir sie unbedingt zum Unterschreiben haben brauchen. Kurz vor dem Mittagessen war ich – wenigstens auf dem Papier – schon Hofbesitzer. Und das feierten wir dann alle, zamtdem Herrn Notar, gleich nach der Verbriefung im Franziskaner.

Der Hof war recht, der Zustand schlecht

Außer vorübergehend von Flüchtlingen wurde das Haus seit über 40 Jahren von niemand mehr bewohnt. Zuvor hat man's noch als Schafstall hergenommen. Später wurden dann nur noch Geräte drin aufbewahrt, um die's eh nicht schad war.

Das Glockentürmchen war längst eingefallen. Es ist schon lang her, daß das Ave-Glöckerl mit seinem Gebetläuten die Bewohner zur gemeinsamen kurzen Andacht gerufen hat. Früher war's so der Brauch: Im Sommer um 4 Uhr in der Früh und um 8 Uhr auf d'Nacht. Im Winter um 5 in der Früh und um 6 Uhr abends. Mittags täglich um zwölfe. Aber auch beim Ausbruch eines Feuers, oder wenn jemand hat sterben müssen, hat es seine Stimme erhoben.

Die Balkonstützen und Pfetten, viele Schalbretter und Sparren, Deckbretter und Bohlen waren von der Zeit und vom Wetter angefressen, vermoost oder verfallen. Überm oberen Balkon hab ich die vom Zimmermann mit Rötelfarbe angemalte Jahreszahl 1724 entdeckt.

Die auf dem Rüstbaum aufliegenden Deckleisten, die Sparren und Balken, selbst die Türstöcke waren seitlich elegant ausgeschnitten und trugen die Kerbschnitte des Zimmermeisters als Verzierung, aber auch als sein Signum.

Die Balkonbrüstung auf der Ostseite hatte noch gut erhaltene alte Baluster. Nicht nur diese schön ausgeschnittenen Bretter, sondern auch die Zwischenräume zeigten vasenähnliche Ornamente.

Unter Staub und Heuresten, trotz Spinnweben und Moder, waren an einigen Balken aufgemalte Zimmermannsmalereien zu erkennen: Lebensbaum mit Tulpen und Knospen, Abwehrzeichen und laufende Hunde, die Sonne als Sinnbild der Kraft, Segens- und Fruchtbarkeitszeichen, Rankenwerk.

Gehen hat man droben sehr vorsichtig müssen, denn die noch vorhandenen Bretter waren unberechenbar morsch. Es ist gefährlich gewesen, sich ihnen anzuvertrauen. Hier hab ich zum ersten Mal überlegt, ob ich nicht doch lieber meine Lebensversicherung erhöhen sollte.

Das Haus war unten aus Stein und oben aus Holz. Fundamente waren weder zur Bauzeit und schon gar nicht in dieser Gegend üblich noch möglich. Niederbrunn – der Ortsname sagt schon, daß der Brunn nieder ist, also das Wasser hoch. Deswegen hat man keinen Keller bauen können. Früher haben die Bauern hier das Gras abgemäht und angefangen, ihr Mauerwerk mit Bummerl, mit Feldsteinen, zu errichten. Da hat's keine Fundamente und keine Abisolierungen gegeben.

Dazu war der Ziehbrunnen in der Mitten vom Haus, in der unteren Flöz. Die Leut haben Angst gehabt vor Brunnenvergiftung. Eine fließende Quelle ist auch noch unterm Haus gewesen. Das alles hat kräftig mitgeholfen, daß das Mauerwerk so pritschelnaß und voll von Salpeter und Moos war. Hätt man hier eine Mausfalle aufgestellt, bestimmt wär schnell ein Fisch oder ein Frosch drinnen gesessen.

Vom südlichen Balkon aus hat man übers Freie aufs Häusl gehen können. Oder müssen. Von dort aus ist die Sach dann runtergeplumpst. Zwischen Weihnachten und den Eisheiligen muß das kein reiner Genuß der Erleichterung gewesen sein, auch wenn die Nachthemden noch aus starkem, selbstgewebtem Leinen waren.

Reste von maskenähnlich geschnitzten Pfetten und Balkonstützen wiesen auf Beispiele schöner Zimmermannskunst hin. Einige alte Beschläge und eine geschnitzte Tür aus der Bauzeit wurden gleich sichergestellt.

Die Fenster waren mutig klein, wie Bauernhausfenster damals sein mußten. Aber man muß es selbst erschauen, wieviel Landschaft in so eine kleine Öffnung hereinlachen kann. Früher, da waren die Menschen, so lang es Tageslicht gab, oft auch darüber hinaus, im Freien. Im Haus suchten sie Schutz vor Regen, Gewitter, Wetter und Kälte. Je kleiner die Fenster, je heimeliger und wärmer war es in der Stube.

Dieser tote Hof mußte wieder leben! Ich hab mir vorgenommen, kein Museum draus zu machen, sondern alles, was einmal drinnen sein wird von Ton, Porzellan, Zinn oder Holz, so zu ordnen, daß man es auf alle Fälle auch benutzen kann. Und alles an altem Hausrat, was man gebrauchen kann, das wird auch gebraucht. Heute noch.

In dieser abgelegenen Gegend ist Bayern halt noch am tiefsten und am stillsten. Ja, der Wind der weiten Welt streift drüber hin. Aber er macht sich nicht breit, er weht weiter. Die Menschen sind noch bescheidener als am Tegernsee, und ich hab mir sagen lassen, daß es schlitzohrige Eingeborene und hinterfotzige Roßtäuscher hier nicht gibt.

Vor allem sind hier wenig Fremde da. Dafür soll's Schwammerl und Himbeeren, Preiselbeeren und ein gutes Bier geben.

Die Menschen kennen einander und helfen einander. Dies ist eine überschaubare Welt.

An einem kalten, schneereichen Wintertag des Jahres 1962 hat mein Herz an diesem unbewohnten Hilgerhof Feuer gefangen.

Leer, trostlos und verkommen stand er da, der Hilgerhof; vom Zahn der Zeit angenagt, dem endgültigen Verfall preisgegeben. Der Eiswind pfiff sein schauerliches Lied durch alle Öffnungen dieses Geisterhauses.

Sparren, Deckbretter und das ganze Gebälk des Hauses waren von Wind und Wetter angefressen.

Das »Häusl« war auf dem Balkon, und der Aufenthalt dort mag zwischen Weihnachten und den Eisheiligen kein reiner Genuß gewesen sein. Aber eine schöne Aussicht hat der Mensch dabei gehabt!

Von Grund auf

Damit die ganze Sach was Gscheits wird, hat man hier von Grund auf vorgehen müssen. Trotzdem die Hüttn so wacklig war, hat sie sich doch im Laufe der Jahrhunderte in verschiedenen Elementen modernisiert.

Die schönen axtbehauenen Balkenwände und Decken sind dem Vorbesitzer so schön wohl doch nicht vorgekommen. Drum hat er sie einfach verputzt. Also haben sie wieder freigelegt werden müssen. Nach dieser mühevollen und staubigen Säuberung waren teure Chemikalien nötig, um die alte Substanz zu erhalten. Das Holz war zu festigen, der Holzwurm in seinen Gängen aufzuspüren, damit er und seine Kollegen für immer das Zeitliche segnen.

Unter Einsatz so kostbarer Materialien wie Menschenschweiß und Bienenwachs mit Hinzufügung von Terpentin, Desinfektionsmitteln und Beizen erlebten Balken, Laden, Bretter und Leisten eine Wiedergeburt, die sie seidig glänzend erstrahlen ließen. Plötzlich hat man wieder sehen können, wo der Zimmermann einst seine Axt angesetzt hatte und wo er sein Werk mit Kerbschnitten verzierte.

Die alten ebenerdig gesetzten Türstöcke und Türen waren alle hin. Nur ein vollkommen verwurmtes Exemplar war übrig und konnte als Muster dienen. Also hab ich mich im weiten Land auf die Suche nach alten Bauernhöfen aus der Zeit des Hilgerhofes gemacht, die niedergerissen werden sollten. Zeitungsanzeigen, Rundschreiben an Gemeinden und die Abriß-Genehmigungen der Kreisbaumeister halfen mir beim Aufspüren. Was wert und gut gewesen ist, hab ich dann gekauft: Türstöcke, Innen- und Außentüren, Fensterstöcke, Einbaukästen, alte Holzstiegen, axtbehauene Balken, sogar ganze Getreidekästen, da ja altes Holz zum Ergänzen nötig war. Auch schmiedeeiserne Beschläge von Türen und Fenstern, Schlösser, mindestens zweihundert Jahre alte Bodenplatten und anderes konnte ich bei meinen Streifzügen vor dem Versinken im Wohlstandsmüll bewahren.

Ein herrlicher alter Hof ist mir zu Gesicht gekommen, so aus der Zeit um 1700. Sein stolzloser Besitzer wollte ihn einreißen. Hier tat sich eine Fundgrube auf. Mir ist ganz warm ums Herz geworden, wie ich die herrlichen, reich geschnitzten eichenen Türstöcke aus etwa dreihundert Jahre alter Spessart-Eiche, die kunstvollen Sterntüren und anderes Inventar sah. Dieses Prachtstück von Hof sollte also niedergerissen und einem nichtssagenden Gebäude geopfert werden.

Mit dem Bauern war ich bald handelseinig. Ich kaufte ihm alles ab, was Holz war, bezahlte ihn sofort aus und vereinbarte, daß er mich sofort verständigt, wenn die Abbrucharbeiten beginnen.

Das Geschäft wurde mit Handschlag besiegelt, wie es der alte Brauch ist. Auf einen Handschlag gibt man hierzuland noch was; Papier aber weckt Mißtrauen. Der Bauer sicherte mir hoch und heilig zu, daß er beim Abreißen selbst hilft und daß er alle Teile pfleglich ausbricht und lagert.

Das erwartete Tauwetter ist längst vorbei gewesen, und ich hörte nichts. Eines Tages aber fand ich auf meinem Schreibtisch die Telefon-Notiz meiner

Sekretärin. Eine schwer verständliche Stimme hatte ihr folgendes zum Ausrichten angesagt: »Paß auf, Madl, sagst dei'm Chef, wann er net bald des Graffl abholt, dann hau i's zamm und hoaz ei.« Au weh, zwick, das war ein Alarmsignal.

Alle Plag und Müh, ein Transportunternehmen in der Umgebung zu finden und den Auftrag zum Abholen loszuwerden, ist umsonst gewesen. Da saß ich nicht nur in der Klemme, sondern auch noch auf glühenden Kohlen. Jetzt mußte aber ganz gschwind was passieren.

In meiner höchsten Not ist mir dann noch die Bundeswehr eingefallen. So hab ich die nächstgelegene Fahrbereitschaft und Fahrschule angerufen und gehofft, beim Herrn Major Verständnis zu finden. Zuerst hab ich meine hochdeutschen Sprachkenntnisse aus dem Schub holen müssen, denn am andern End von der Leitung sprach ein Landsmann aus dem Norden, was die Kommunikation in diesem Falle nicht grad leichter machte. »Lieber Herr, wat globen Se denn, wat wir hier zu tun ham? Wir sind doch keene Babysitter fürs Zivil. Meenen Se, sowat könnte ick höheren Orts rechtfertjen?«

»Gehn S', Herr Kamrad, da täten S' doch wirklich was für die Erhaltung unserer schönen bayrischen Kultur. Und ich zahl ja auch gern dafür. Bittschön, Herr Kamrad, helfen S' mir amal. Früher haben wir doch auch gewußt, wie wir so eine Fuhre deklarieren müssen.«

»Kamrad? Also ooch jedient? Hm. Also jemacht. Ich helf Ihnen aus der Scheiße. Wird mir schon wat einfallen. Be- und Entladen von sperrigem Gut is ja ooch wat zum Üben für meine Leute. Jeht also klar.«

Da sag einer was gegen unser Heer. Mit einem bisserl bayerischem Charme kann man die verschlungenen Pfade des Dienstweges doch begradigen. Daß die gar nicht so sind, zeigte sich am nächsten Morgen. Anderntags um sechs Uhr früh waren zwei mächtige Fünftonner und acht junge Soldaten zur Stelle. Die hatten ihren Spaß an der Freud und auch an der zünftigen Brotzeit. Dem Herrn Major, der bewies, daß die Preußen gar net so san, dem sag ich hier noch ein extra herzliches Vergelts Gott!

Die Handwerksleut

Der liebe Gott hat auch die Handwerksleut erschaffen. Das muß ihm an einem verregneten Montag passiert sein. Aber sonst kann man dem lieben Gott wirklich nichts Nachteiliges nachsagen. Einige von diesen Montagsschöpfungen hab ich näher kennengelernt. Hauptsächlich nahm ich solcherne aus der Umgebung, denn meine Nachbarschaft, die hab ich halt gern besser kennenlernen wollen. Den Auftrag haben sie gern angenommen; und sich gleich vier schöne Jahr lang dran festgepappt wie die Wespen im Marmeladehaferl.

Mein Freund und Helfer, der berühmte Münchner Denkmalpapst, Regierungsbaumeister und Architekt Dr. Erwin Schleich, stand mir zur Seite. Dirm kam er selbst zum Hilgerhof, und eine Menge Zeichnungen mit vielen Details hat er gemacht. Aber die Bauleitung hat er bei der abgeschiedenen Lage halt doch nicht machen können, die ist mir 'blieben. Mei, war des a Kreuz!

Dieser tote Hof mußte wieder leben!
Wie es vor 250 Jahren üblich war, hatte der
Hilgerbauer das Haus mit Bummerl (Feldsteinen) ohne Fundament gemauert. Die Quelle
im Haus ließ Salpeter und Moos sprießen; so
verdarb das Mauerwerk.

Hydraulisch wurde das obere Holz-Stockwerk
gehoben, damit das alte Mauerwerk darunter
herausgebrochen werden konnte. Anschlie-
ßend wurde das Fundament gelegt und neues
Mauerwerk begonnen.

Mir hat es keine Ruhe gelassen, daß der Bauer an dem herrlichen Chiemgauer Bundwerkstadl keine Freude hatte. Dieses Zeugnis Chiemgauer Handwerkskunst sollte weiterbestehen. So ließ ich jedes Brett, jeden Balken numerieren, abtragen und von Rabenden zum Hilgerhof transportieren. Hier stellte ich den Stadl wieder auf.

Dafür haben mich manche von den Arbeitern recht fein mit »Herr Inschinir« angeredet. Dafür hab ich mir aber gar nichts kaufen können, und pressiert hat's denen deswegen auch nicht mehr.

Mei Liaba, da hab ich mir vielleicht ein Gfrett eing'handelt.

Beschläge mußten getreu nachgeschmiedet werden, auch Nägel; Flözplatten aus Ton, Vollziegel, die es heut nur noch selten gibt, waren nach altem Muster zu brennen; dicke, schwere Fußbodenladen mußten rechtzeitig bestellt, gelagert, getrocknet werden, damit sie sich nicht warfen, wenn später die Holznägel hineingetrieben wurden. Und, bittschön, wer ergänzt und verbleit mir die alten Butzenscheiben? Wer stellt mir die inzwischen mühsam gesammelten Öfen auf, Meisterwerke alter Hafnerkunst? Bildhauer für fehlende Möbelteile waren vonnöten, Maurer, Zimmerleut, Schreiner, Schnitzer, Maler, Vergolder, Färber, Weber, Installateure, Elektriker, Glaser, Fliesenleger, Handlanger, Erdarbeiter, Brunnenbauer, Gärtner, Zeichner, Statiker. Und nicht zu vergessen: Ein Desinfekteur mußte her. Mitsamt Fuhrleuten und Restaurateuren waren es weit über vierhundert Mann, die sich um das Gelingen mühten oder doch zumindest den Auftrag dazu in der Tasche hatten.

Schad ist's nur, daß die Handwerker heut alles mit Maschinen machen wollen und mit altem Werkzeug nicht mehr umzugehen verstehen. Jetzt muß einer schon hunderte Kilometer kreuz und quer umanand fahren, um einen Holzdachrinnen-Macher oder einen Butzenscheibenverbleier zu finden.

Wirklich, die Überlieferung alter Handwerkerkunst und Kultur lebt nur noch in ganz wenigen Erben weiter. Heut sind sie schon Spezialisten, die streng nach altem Vorbild arbeiten und sich bemühen, keinen falschen Ton in ihr Werk zu bringen. Aber schön ist's schon, wenn man dann unter den Handwerksleuten echte Künstler trifft, die sich mit Experten, mit Restauratoren vom Nationalmuseum und anderen Kennern zusammenhocken, um alte Rezepte auszugraben. Die sind es dann, die aus dem Grunde ihres Könnens und dem zusammengeklaubten Wissen einen zukunftsträchtigen Beruf machen.

In meinem Hof sah's mittlerweil nüchterner aus als auf einem Bahnhofsklo. Der noch restliche Fußboden war herausgerissen, und das alte, mit Bummerl gemachte Mauerwerk konnten wir wegen der Feuchtigkeit nicht halten.

Nämlich: Der Ziehbrunnen war in der Flöz, also im Haus, und das Wasser kam unter dem Erdreich durch. Fundamente waren nicht da. Die Gutachter sagten, es lohnt sich nicht, hier mit dem Isolieren anzufangen. Außerdem wär's zu teuer, viel teuriger als neue Mauern. Historisch und denkmal-würdig ist der obere Stock aus Holz. Deshalb haben wir das alte Mauerwerk herausgebrochen.

Stückerlweis hoben wir das 21,70 Meter lange Haus hydraulisch an, gruben Fundamente, isolierten sie ab und mauerten mit neu gebrannten Ziegeln hoch, die in alter Manier verputzt wurden. Freilich, das kann heut kein Maurer mehr, so in alter Manier verputzen, daß das Mauerwerk im Verein mit Sonne und Schatten lebt. Die möchten alles glatt und grad haben. Da muß der Bauherr schon ein bis zwei Maß Bier springen lassen, bis der Maurer weiß und verstehen will, was er meint. Und wenn dann weiterer gebührender Nachschub an Gerstensaft kommt, hat er den wahren Sinn seiner Aufgabe erfaßt. Oder es ist ihm wurscht, wie's wird. Oder er ist b'soffen. Ja, am Bier, da mißt der sehr hochwohlgeborene Herr Maurer die Wertschätzung für den Bauherrn. Maß für Maß!

Einen hab ich gekannt, der schüttete sich ein ganzes Tragerl Bier in die Wampen, wie unsereins eine Cola trinkt. Die Leber, Freunde, hängt seit alters her beim Handwerk auf der Sonnenseite. Da wundert's einen nicht, Leut kennenzulernen, die als brave Bauwerker Schlag Fünfe ihr Zeugs haben hinfallen lassen wie einen heißen Erdapfel, um ins nächste Wirtshaus zu gehen, wo sie selig den nächsten Sonnenaufgang erwarteten. Mei, Typen lernt man kennen, wenn man baut!

Ein ganz Extremer war auch hier. Den haben sie immer derbleckt, weil er abseits in einer versteckten Ecke Brotzeit gemacht hat. Der war aber weder von der Pest befallen noch sonst ansteckend krank. Nein, der war ein Millitrinker!

Die Höflichkeit ist für den dreimal geplagten Bauherrn die allerbilligste Art, Differenzen zu unterdrücken. Wenn's Bauwerker gibt – was mancher, der sie auch bezahlen muß, glaubhaft nachweisen könnte – die so viel Mist und Ärger machen, daß dem andern die Luft ausbleibt und die Halsschlagader schwillt, bis der Hemdkragen platzt, muß er seinen Grant runterschlukken können, muß seine zu Fäusten geballten Hände schön brav hinter dem Rücken verstecken und dazu noch einen artigen Bückling machen, selbst wenn ihm die Galle zum Maul rausläuft. Mit Verträgen, schriftlichen Abmachungen und Terminvereinbarungen ist in dieser Einöd eh nichts drin. Sich Punkt für Punkt an solche Abmachungen halten zu wollen, käme einer glatten Hinrichtung gleich.

Jeder Herr hat das Recht, die Tür zuzuknallen. Ein Bauherr nicht!

Immer bist auf die Handwerksleut angewiesen, wennst Bauherr bist. Also, manchmal, da sehnt man sich schon nach einer xunden Arbeitslosigkeit. Aber nur nach einer herzhaft xunden! Jahrelang bin ich am Freitag auf die Baustelle gefahren. Versteht sich: Mit einer Aktentasche voller Geld. Und für das Geld hab ich mir immer wieder Zusicherungen und Vertröstungen eingehandelt. Einige waren ja da, wenn sie wirklich nichts anderes vorhatten. Dann kamen sie für ein paar Stunden oder auf einen Tag zum Hilgerhof. Das war auf alle Fälle am Freitag.

Die Nachbarn haben schon gesagt, wenn sie Handwerker auf dem Bau sahen: »Aha, heit kimmt der Herz.« Meine wöchentliche Baustellenfahrt führte mich immer auf der B 304 über Gabersee und Haar. Diese beiden Ortschaften haben je eine Heil- und Pflegeanstalt, verstehst? Angst hab ich da schon gehabt, daß mir dort amal ein Reifen zerreißt.

Für verrückt haben's mich eh schon erklärt. Das waren nicht nur die Handwerker, sondern auch meine Bauersleut, die Nachbarn. Da kommt so ein Stadtfrack daher und steckt in diese alte verwurmte Bauernhüttn so viel Geld rein; bei dem kann's doch oben net stimmen. Den damischen Hirsch muß man halt ausnehmen wie eine Weihnachtsgans.

Einer meiner Spezialisten hat mir so viele Regiestunden aufgeschrieben, daß man fürchten muß, er bekommt einmal Schwierigkeiten mit dem Petrus. Denn wenn der sein Regiestunden-Buch nachrechnet, falls Xaverl als Achtzigjähriger am Himmelstürl stehen sollte, wird er auch ohne Computer feststellen, daß der gute Mann ohne Brotzeit und Schlaf schier zweihundert Jahre alt sein müßte.

Und dann immer diese Beteuerungen der Handwerksleut. Jahrelang haben's den Bau hingezogen und dabei auch meinen Nerven und dem Xund arg geschadet. Ich Depp aber glaubte immer wieder an ihre Sprüch, nahm den nächsten ganz fest versprochenen Lieferungs- oder Bearbeitungstermin so ernst wie die Neujahrsansprache vom Bundeskanzler. So war ich wie ein Blinder, der vom Sehen träumt. Bei all diesen Prüfungen ertrug ich auch noch den Schlag, daß die Baupolizei kam und die Baustelle sperrte. Ich hatte nämlich keine Genehmigung eingereicht, weil ich weltfremd genug war zu glauben, da wird eine alte Sach repariert und erhalten. Wozu braucht man da eine Genehmigung?

Die vom Landratsamt waren aber ganz anderer Meinung. Und der Kreisbaumeister Schmid hat gesagt, das kommt einem Neubau gleich. Recht hat er schon gehabt. Aber auch wieder nicht, denn ein Neubau hätt mich nur zwanzig Prozent von diesem Umbau gekostet.

Die ganze Gschicht hat mich so zusammengehauen, daß ich mein Testament gemacht hab. Dann mußte ich zu einer Herzoperation in die Klinik. Nach der Operation haben's mich schon aufgegeben und in einem arg traurigen Kammerl zum Kaltwerden deponiert. An meinen großen Zehen haben sie schon mit einem Spagat ein Etikett hingemacht, auf dem nur noch die Sterbezeit einzutragen gewesen wär. Das Zehenetikett haben's vergessen, von mir wieder wegzumachen. Au weh, aber denen hab ich was 'pfiffen. Vielleicht war's gar kein Wunder, daß ich wieder geworden bin. Vielleicht wollte der himmlische Chef einfach, daß ich die angefangne Sach erst zu einem guten Ende bring.

Derweil stand der Hof teilweise auf Stelzen, und das Dach war nur halbert verschalt. Ein bisserl ein Sturm, und das Malheur wär dagewesen. Ich glaub, manch Neidhammel hätt sich gar gefreut. Aber der Kreisheimatpfleger von Traunstein, der Dr. Paul Töpfner, hat sich meiner Sach mit allem Nachdruck angenommen und mit den Handwerkern ein ernstes Wörterl gesprochen. Wenn er die auf der Baustelle nicht traf, hat er sie in den entlegensten Wirtshäusern aufgespürt. So ein Heimatpfleger kennt sich halt aus.

Maurer sind so rar, wie Erdbeeren zum Oktoberfest. Mein Nachbar, der Irm, hat eine kaputte Odelgruben gehabt. Im Beton war ein Riß drin. Und er hat mich gebeten, ihm für einen halben Tag einen Maurer auszuleihen, damit der den Riß repariert. »Woaßt«, hat er g'sagt, »woaßt, mei Brunnenwasser schmeckt halt scho danach. Des war ja ned des schlimmste, aber's Vieh muaß ja des Wasser aa saufen.« Klar, der hat seinen Maurer gekriegt, und bei mir hat dafür der Herr Bauunternehmer Alois Neubauer selber ein paar Stünderl mitgemauert. Das war so dokumentar, daß ich ihn dabei hab abfotografiern müssen.

Eines schönen Tags waren auch die Installationshähne montiert, aber von dem gegrabenen Brunn ist kein Wasser hergegangen. Ein Wünschelrutengänger mußte her, und er hat gleich daneben eine Stelle gefunden, wo die Rute stark ausgeschlagen hat. Seither habe ich ein herrliches Quellwasser, ganz ohne Chlor, und der Kaffee schmeckt hier viel besser als z'München.

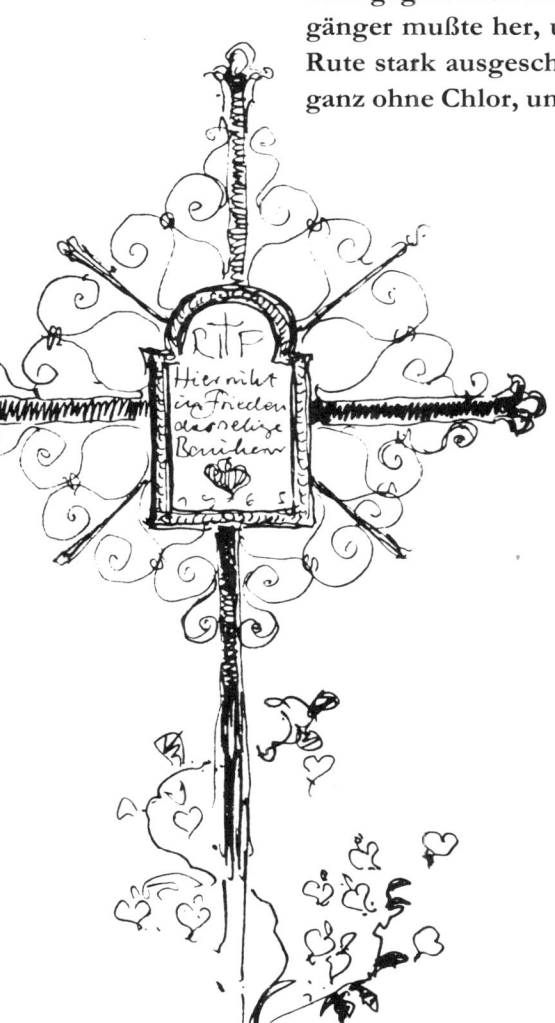

Zum leidigen Handwerkerthema wollte ich eigentlich hier meine Luft so recht ablassen, weil er mir gar so grauslich stinkt. Mei, ein seelischer Stuhlgang wär das halt gewesen, so rar im Leben, wie wenn ein sonst recht braver, aber unterdrückter Familienvater seiner heißgeliebten Frau Schwiegermutter persönlich auf die Leich gehen darf. Alle Bauherren, die das dann lesen täten, hätten überzeugt mit dem Kopf genickt, manch einer mehrere Male! Aber vieles hab ich dann doch nur in mein ganz privates Tagebuch reingeschrieben und hier nur ein paar winzige Harmlosigkeiten protokolliert. Ich fürcht nämlich, wenn ich alles öffentlich mach, kommen mir keine Handwerker mehr, wenn's bei mir zum Dach reinregnet.

Der Bundwerkstadl

Rabenden, das ist ein kleines Dorf, dessen Namen ich ohne den Hilgerhof wohl nicht kennengelernt hätte. Obwohl – das sollte für einen Kunstfreund eigentlich eine Schand sein, denn der Mesner von der Kirche St. Jakobus muß oft den Kirchenschlüssel herholen, um Besuchern die hervorragenden Schnitzfiguren aus dem Kreis der »Meister von Rabenden« zu zeigen.

Die Kirche mit ihrem berühmten Schatz, Anno Domini 1458 aus Nagelfluh und Backstein erbaut, ist von einem kleinen Friedhof umgeben, wie man ihn heut nur noch selten findet. Dort stehen nur hangeschmiedete alte Grabkreuze. Über allem ruht diese seltsame Mischung von Schwermut und Fröhlichkeit, von Trauer und Farbenfreude, vom Sterben und Leben, das doch immer weitergeht. Das Bild wurde abgerundet von einem alten, echten Chiemgauer Stadl. Hohe Zimmermannskunst hatte einst dieses Bundwerk mit gebändigter Lust und mit Frohsinn komponiert.

Zwischen dem Stadl und dem Vierseithof war ein Tor, und das ist als Durchgang für die neuen landwirtschaftlichen Maschinen zu klein geworden. Der Bauer hätte also den Stadl eigentlich ganz gern niedergerissen. Das hat mir der Perl Koni von Obing gesteckt, und ich bin dann zum Bauern gegangen, um eine Handelschaft mit ihm zu machen. Nur, mit dem Preis, da sind wir uns nicht einig geworden. Der hat mich reden und bieten lassen, bis er mich am End recht gschert derbleckt hat und mir ironisch erzählte, daß er die Genehmigung zum Abbruch doch nicht bekommen würde, weil der Stadl ja unter Denkmalsschutz steht. Ich glaub, der hat sich über meinen Gusto auf seinen alten Stadl, den er doch recht gern hätt los sein wollen, hernach fast kropfert gelacht, als ich leicht bedeppert wieder davonzog.

Mir hat diese Sach keine Ruh gelassen. Ganz wepsig bin ich innerlich schon gewesen. Aber man muß halt einige Zeit verstreichen lassen, stad sein und sein Hirnschmalz zusammenkratzen. Der Stadl war schon kurz vorm Zusammenbrechen. An seiner Erhaltung hat der Bauer weder Freud noch Interesse gehabt, und sakrisch schön ist er halt auch gewesen, der Stadl. Man hat ihn also bestimmt erhalten müssen.

Nach einer guten Weil hab ich dann mit dem Stöckl-Bauern Fraktur geredet und ihm ein Geschäft vorgeschlagen: »Schau«, hab ich ihm gesagt, »weghaben möchertst ihn, wegreißn derfst'n ned, am End machst'n eh kaputt. Ich zahl dir an Holzpreis, sagma zweihundert Mark, und du und dei Alte, ihr helfts mir beim Abbrechen und Transportieren. Dafür schau ich, daß ich dir die Genehmigung herbring.«

Da ist er plötzlich heilfroh gewesen über mein Angebot und hat eingeschlagen. Am 28. November 1965 haben dann einige sehr wichtige Herren und ich eine Ortsbesichtigung vorgenommen: Der Regierungsbaumeister Dr. Erwin Schleich, der Landeskonservator vom Bayerischen Landesamt für Denkmalpflege, Dr.-Ing. Manfred Schubert, der Kreisheimatpfleger Dr. Paul Töpfner. Na ja, und ich halt. Der Augenschein der sachkundigen Herren ergab: »Durch die mögliche Versetzung des Bundwerkstadels wird das Ortsbild um ein altes Bauwerk ärmer. Besonders von der Sicht des reizvollen und alten mit schmiedeeisernen Grabkreuzen versehenen Dorffriedhofes aus entstünde ein architektonischer Verlust der Geborgenheit.«

Die Herren haben also eine schwere Entscheidung treffen müssen: »Sollte die vielleicht einmalige Gelegenheit wahrgenommen werden, durch Verlegung des Stadls auf das Gelände des Hilgerhofes dieses Bauwerk zu erhalten? Oder sollte man ihn an Ort und Stelle belassen, wo er dann natürlich auch hätte erhalten bleiben müssen. Dafür war nach Erfahrung auf längere Sicht keinerlei Garantie gegeben, da der Stadl tatsächlich zum Teil baufällig war und daher leicht mit oder ohne Beihilfe zum Einsturz gebracht werden konnte.«

Unter der Bedingung, daß Abbruch- und Wiederaufstellungsarbeiten fachkundig erledigt werden, stimmte die Kommission dem Abbruch zu und bekundete dem Mäzen recht dankbar zugleich ihre Freude über die Erhaltung des Bauwerks und seine künftige Pflege. Der Stadl hat also umsiedeln dürfen zum Hilgerhof.

Nun hab ich ihn also gehabt. Aber auch die Verantwortung. Jeder Balken, jedes Brett mußte jetzt numeriert werden, damit alles originalgetreu wieder hat aufgestellt werden können.

Nutzen hatte diese ganze Sach für mich keinen. Aber mein Geld hat sie schon gekostet. Situationen gibt's halt, da kann der Mensch nur mit dem Herzen denken.

Eine ganze Weile, nachdem ich den Plan zur Genehmigung eingereicht hatte, zog ein Nachbar unerwartet seine Zustimmung zurück. Dabei hatte er doch schon unterschrieben gehabt, der Loamsieder der. Auf einmal hat er nimmer mögen und gesagt: »Wann der Stadl da an de Stell hikimmt, konn i vom Fenster aus meine Küah auf da Woad nimma sehgn.«

Also, den hätt ich am liebsten in der Luft z'rissen. Aber Nachbar ist Nachbar, und Kuh ist Kuh. Neue Pläne haben gemacht werden müssen, und am 4. August 1964 bekam ich vom Kreisheimatpfleger einen Brief. Darin konnte ich lesen, daß er die neuen Pläne von der Gemeindeverwaltung hat unterschreiben lassen wollen, aber der Gemeinderat war erst gestern zusammengetreten und kann wegen der Erntezeit vorläufig keine neue Sitzung mehr anberaumen. Am Sonntag aber, so schrieb er, wollte er noch einmal kommen, denn nach der Kirch finden sich alle Gemeinderäte ohnedies im Wirtshaus zusammen. Dann wollte er ihnen in meinem Auftrag eine Maß Bier und eine Brotzeit stiften, wenn sie zwischendurch schnell eine Sitzung machen möchten.

Bereits am 19. August 1964 hat mir der Bürgermeister von Pittenhart schriftlich die Genehmigung erteilt und mir sogar den Titel »Generaldirektor« angehängt.

A zünftige Brotzeit ist halt viel wert bei uns in Bayern.

*

Nachspiel:
1971 haben die Kinder des vormaligen Stadlbesitzers in der schönen, alten, hölzernen Tenne, neben der mein Stadl gestanden hatte, mit Zündhölzern nach einer Katze gesucht. Im Heu. Als die Löscharbeiten abgeschlossen waren, gab es den Hof nicht mehr. Der Stadl wär spätestens damals auch weg gewesen.

*

Meiner Seel, mit den Stadln ist aber immer noch kein End hergegangen. Eigentlich hat's mich nicht wundern dürfen, daß die Leut schon den Kopf schüttelten über meinen Denkmalschutz- und Rettungswahn. Wahrscheinlich bin ich wirklich schon stadlnarrisch gewesen. Mir hat nur noch von braunem oder silbrig ausgebleichtem alten Holz und von Holznägeln geträumt. Und beim Krumbachner-Bauern in der Nähe von Kirchweidach hab ich noch einen entdeckt, der dem Untergang und Verderb völlig ausgesetzt gewesen ist. Das Dach war eingefallen und die vermoosten tönernen Dachplatten lagen schon auf dem Stadlboden oder unten im Gras. Dieser reiche Chiemgauer Netzverbund war aber so viel schön. Und die Bauersfrau wollt mir die Balken nicht geben, weil sie so ein gutes Brennholz hergeben täten.

Obgleich der Krumbachner-Bauer in den Hof reingeheiratet hatte, hab ich mit ihm doch handelseinig werden dürfen, was fast so viel heißt, wie wenn ein Ministrant selber die Heilige Messe liest.

Der denkmalerfahrene Architekt Otto Hoffmeister von Eggenfelden hatte schon das Niederbayerische Bauernhof-Museum in Massing an der Rott, den

Schusteröder-Hof, versetzt und wiederaufgebaut. Wenn ich den für meinen »neuen« Stadl begeistern könnte – das wär' der Mann. Und er war's!

Wir stellten den Stadl auf die Ostseite des Hilgerhofs und verbanden ihn mit einem dicken, schweren, alten Tor, das gewaltige Riegel aus Holz hat und einen Guckschieber zum Hinauslugen. Dann ist da noch ein Astloch im Tor, mit einem Holznagel verschlossen. Unbemerkt kann der Hilger da durchschauen, um zu überlegen, ob er für den Ankömmling daheim sein soll. Das schönste am alten Tor ist ein ganz alter Abwehrzauber, ein recht heidnischer Bock, der dort draufgemalt ist. Durch dieses Tor nun ist der Stadl mit dem Haupthaus verbunden.

Innen im Stadl haben wir einen Freisitz gebaut, der mit schönen alten bayerischen Wappen – auf Schießscheiben gemalt – geschmückt ist. Der offene Kamin schaut aus wie ein alter, verrußter Backofen.

Damit hat der Hilgerhof, in früheren Jahrhunderten im Kataster als Drei-seithof ausgewiesen, wieder seinen alten, ursprünglichen Grundriß erhalten.

Der Zimmermeister Parsdorfer Sepp hat sich selbst hier mit Liebe und Freud ein Denkmal gesetzt. Mit seinem Spezi ist er früher auf die Baustelle gekommen als die Bauern in ihren Stall. Die zwei haben gesungen bei jedem Axthieb, und eine Freud war es, ihnen zuzuschauen. Drum sag ich: Es gibt schon noch Handwerker, die das Erbe ihrer Meister fortsetzen und in Ehren halten. Nur suchen muß man's halt wie eine Stecknadel im Heuschober.

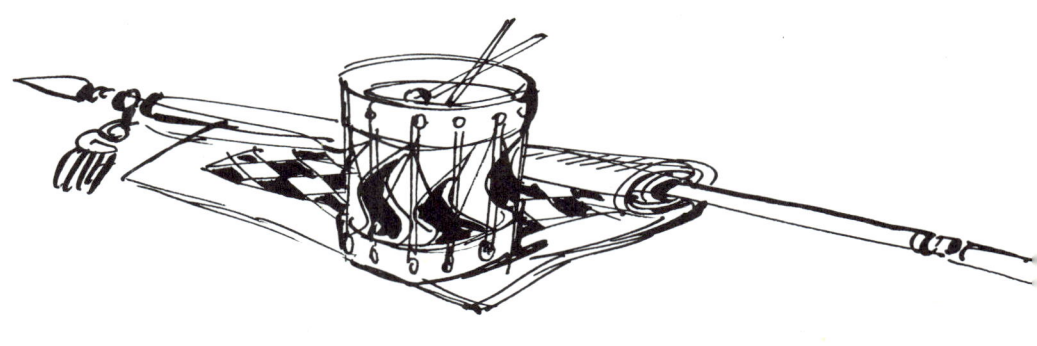

Der Heimatforscher

Was ein rechter Heimatforscher ist, der hört das Donnern, bevor es blitzt, rennt umher und plagt sich ab, wenn es was zum Forschen oder Erhalten gibt. Leut und Staat, Stadt und Gemeinde, helft ihm, wo ihr nur könnt!

Selbst wenn auf dem Kirchturm schon das Gras wächst, findet er im Fundament Geschichte und Geschichten, welche die Nachwelt zum Staunen bringen. Er liebt den Geruch der Vergangenheit und frißt sich mit Lust durch vergilbte Akten, Urkunden und Briefe. Der spürt alte Landkarten und Katasterpläne auf, vertieft sich in Kirchenbücher und Folianten, die noch mit Schweinsleder gebunden und auf Pergament geschrieben sind.

Aus Quittungen, die er in Archiv-Dachböden und Kanzleikammern erspäht hat, kann er Dinge herauslesen und belegen, die kein heutiger Mensch mehr weiß. Seine Tinte ist dicker als du denkst. Hut ab!

Er untersucht im weiten Umkreis die Moränenhügel nach Spuren der Eiszeit, studiert die Steinbeilfunde aus der Steinzeit.

Er haucht der Vergangenheit ihr Leben wieder ein, damit man sieht, wie's einst gewesen ist: Die Salzstraße ist nahe vorbeigegangen, und die Fuhrleut und Rösser haben lebhaftes Treiben und Erwerb in die dünnbesiedelte Gegend gebracht.

Flachsbau und Schaf-
zucht werden zurück bis
ins 12. Jahrhundert ausgewiesen.
Erst das Industrie-
zeitalter verdrängte die selbst-
gesponnene Kleidung und somit
die »Rockerfahrt«, die gemütliche
abendliche Zusammenkunft der
Frauen und Mädchen zum gemeinsamen Spinnen, wo es oft recht hoch
hergegangen ist.

Weinbau in der Flur Weinberg, nördlich von Brunn, ist für die Bauern ein
Fehlschlag gewesen. Das Klima war zu rauh, der Wein zu sauer. Der Flur-
name Weinberg blieb.

Bauern und Handwerk waren untrennbar. Es hat schon immer Schmied,
Schuster und Weber, Kistler und Zimmermann, Maurer, Bäcker, Metzger
und Sattler gegeben, und für's Gewerbe waren der Kramladen, der Vieh- und
Getreidehändler, der Wirt und der Wunddoktor da. Der Jäger hat zur Hof-
mark gehört und der Fischer hat seinen Fang im Schloß abliefern müssen.

Das Tun der Leut ist bildlich an ihren Namen erkennbar gewesen. Man
hat sofort gewußt, wie der Köhler, Glaser, Schäfer, Bäcker, Schmied, Krämer
oder Schuster sein Brot verdiente.

Das Interesse eines Heimatforschers gilt aber auch den alten Volkssitten, Trachten, Bräuchen, der Mundart, Liedern und Preisvergleichen aus einer Zeit, wo man noch gewußt hat, was man für sein Geld bekommt.

Er weiß Bescheid über den Aberglauben. Er kennt Gespenstergeschichten über Mondfrauen, Hexen und Teufel. Irrlichter und unheimliche Geräusche in den Nebelnächten sind die Flimmerkiste der alten Zeit gewesen.

Die Menschen hatten noch kein Elektrisches, sie glaubten an die weise Frau, das Kräuterweiberl, den Wurzelsepp und schworen aufs Gesundbeten und Handauflegen.

Der Bader ist billiger und volksnäher gewesen als der Wundarzt und der Fotzenspengler.

Kriege und Pestilenzen sind an der Gemeinde nicht spurlos vorbeigegangen:

1618 bis 1648 der Dreißigjährige Krieg brachte die mordenden und sengenden Schweden nur bis an das linke Innufer. Die Gemeinde Pittenhart ist von den Schweden verschont worden, nicht aber von den Flüchtlingen und der auferlegten Kriegssteuer, der sogenannten Schwedensteuer.

1634 verseuchte die Pest ganze Ortschaften, und die Bauern haben sich mit dem Geläut ihrer Hausglocken verständigt, ob sie noch am Leben sind.

1702 bis 1714 im spanischen Erbfolgekrieg streiften Horden durch die Wälder und Gehöfte und haben ihre Beute gemacht. Rösser wurden requiriert. 500 Mann aus dem Pflegegericht Kling sind am 1. November des Jahres 1705 mit Morgenstern und Sensen, Spießen und Dreschflegeln aufgeboten worden und gegen die Kaiserlichen gezogen. Über hundert Bauern wurden dabei niedergemacht.

1742 bis 1745 im österreichischen Erbfolgekrieg sind wiederum die Österreicher, von Burghausen kommend, nach Wasserburg vorgedrungen und haben schweres Leid über das Landvolk gebracht.

1798 bis 1809 waren wieder Kriegsjahre. Am 11. und 12. Dezember Anno Domini 1800 drangen nach der Schlacht bei Hohenlinden die Franzosen sengend und brennend in die Gemeinde. In Aindorf machten die Bauern ein Gelübde für den Fall, daß sie verschont werden. Sie sind wunderbarerweise verschont geblieben. Dichter Nebel ist plötzlich eingefallen, und so übersahen die Franzosen den Ort. Eine Votivtafel in der Kapelle von Aindorf beweist es.

1812 mußten sieben Söhne in den Feldzug nach Rußland ziehen.

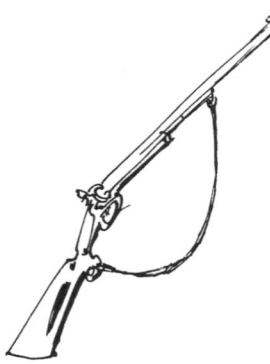

Ich bin doch kein Blinder, der vom Sehen träumt. Die Chronik vom Hof, die Geschichte vom Dorf und von der Gmoa hab ich aufs Korn genommen, hab mich durchgefragt und hab gestöbert, wo es nur ging. Denn ebenso wie mich der Hof selbst nicht mehr losgelassen hat von der Stund an, wo ich ihn hab erwerben wollen, packte mich seine Geschichte. Und zum Dorf hab ich mich halt gleich dazugehörig gefühlt. Der Hilgerhof und seine Umgebung mit ihren Menschen sind mir zur Heimat geworden, und auch zum Schicksal. Drum bin ich manchmal – vergraben in Archivstücken, Urkunden, Kirchenbüchern – knieweich geworden. Aber wie einen Besessenen in seinem Fieber hat's mich immer weitergetrieben.

Wie ich von der Vergangenheit die ersten Spinnweben wegschob und ein wengerl den Schimmel abwischte, ist mir aus dem Staatsarchiv eine Rarität aufgespürt worden, die meinen nördlichen unmittelbaren Nachbarn, den Irm, also den damaligen Erb, angegangen ist.

Recht anschaulich für das bäuerliche Leben sind die Übergabe-, Austrags- und Heiratsbriefe bei Hofübergaben, die in den sogenannten Briefprotokol-

len gesammelt sind. Der Austrag hat für den übergebenden Teil eine große Rolle gespielt. So sah er aus, der Besitzwechsel vom 30. 3. 1689[1] vom Erbgut zu Niederbrunn, dem nördlichen Nachbarn vom Hilger. Nach dem Tod des Wolf Erb hat die Witwe Anna das Güetl ihrer Tochter Maria und deren »Ehewirth« Hans übergeben. Diese Gutsannehmer müssen nun der Mutter folgenden Austrag reichen:

»erstlich soll ihr zur Wohnung das verhandtne Stibl (Stube) eingeraumbt, darin behilzt (beheizt) und beleicht (werden) nitweniger deren (der Witwe) zue Unterhalt des Jahrs 6 Mezen Khorn, ½ Mezen Weiz, 1 Mezen Habern, 1 Strich Gersten und ½ Mezen Arbes, dann 3 Pfund Schmalz, der 4. Thaill in allem Obst, 6 Pfund Har von der Schwing (Flachs), ain rupfes Gwandt und im dritten Jahr ain härbes Gwandt, neben einer wollen Leibspfaidt (Hemd), quatemberlich (vierteljährlich) 10 Kreuzer, am Montag die Ayr (Eier), von Georgi bis Michaeli ein Khändl und die ybrige Zeit ein Mäßl sieße Milch«. Wenn sich die Witwe aber wieder verheiratet, wird ihr nur das Getreide zugestellt.

Anm. 1
siehe Seite 73

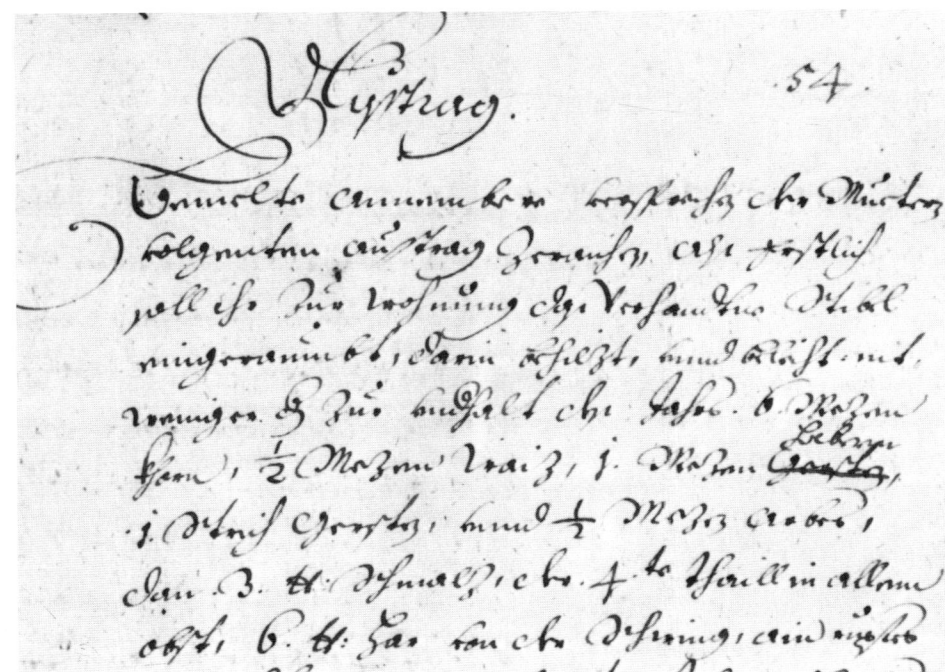

Austrag der Witwe
Anna Erb an
Tochter Maria und
Ehemann Hans Erb
30. 3. 1689

So eine Ordnung herrschte bei uns in einer Zeit, wo in den Alpen die ersten Schneeschuhe aufkamen, wo Franzosen in Amerika auch Skalp-Prämien für weiße Feinde zahlten.

Einen Einblick in die sozialen Verhältnisse geben die sogenannten Verhörsprotokolle des Gerichts Kling. Sie lassen erkennen, mit welcher Strenge Verstöße gegen Ordnung und Sitte – nach den Vorstellungen jener Zeit – polizeilich bestraft wurden. So ist im Jahr 1722[2] ein Sebastian Obermayr von Schnaitsee wegen Leichtfertigkeit bestraft worden, weil er »sein dermahliges Eheweib in ihrem Wittibstand und in deren Inhäusl vor priesterlicher Copulation geschwengert« hat. Die Geldstrafe betrug für ihn 3 Pfund Pfennig und für sie 2 Pfund Pfennig. Unter Zuguterechnung, daß sie inzwischen verheiratet waren, ist er nur mit 4 Tagen und sie mit 2 Tagen geringer Azung bestraft worden, was so viel heißt, daß sie wegen ihrer Unkeuschheit bei Wasser und Brot ins Gemeindehaus gesperrt wurden.

Ein weiterer Eintrag von 1722 berichtet: »Peter des Mesners zu Rimbsting Knecht, umb das er sich mit Barbara, des Häuslers Zimmermann zu Eisenpärting Tochter, von Mauerkürchner Markt nacher Haus gehent under einen wollerhöchten Rhain zwischen denen Haber Veldern beysammen ligent betretten lassen, nebst dem Menschen.« Straff hierauf war für jedes ein Pfund, zusammen zwei Pfund Pfennig.

»Deren vermessenen Laugnens (Lügens) aber er pro zwei Stundt in die Springer (Fußeisen) und sie zwei Stundt in der Geigen (Schandgerät, in dem Kopf und beide Hände eingespannt wurden) gebiesset (gebüßt).«

Im Verhörsprotokoll des Amtes Obing vom Jahre 1771[3] steht von folgender Schandtat: »Catharina deß Hilgers zu Prun, Dienst Mensch wegen einen zu chmahlen Prust Flöck (zu großen Brustausschnitt) mit 2 Schilling Pfennig bestraft.« Das Wort Dienstmensch war damals allgemein für Dirn gebräuchlich und hatte keinen anrüchigen Charakter. Anders ein schöner Busen, der war schon Teufelszeug für den einfachen Menschen, wo die Kirche und die Obrigkeit ›die Hand drauf‹ hatten. Die Hand drauf hielten die bei viel der kleinen Freuden der niedrigen Leut, und Unkeuschheit war nicht nur Glaubenssache, sondern Politikum.

Anm. 2, 3
siehe Seite 73

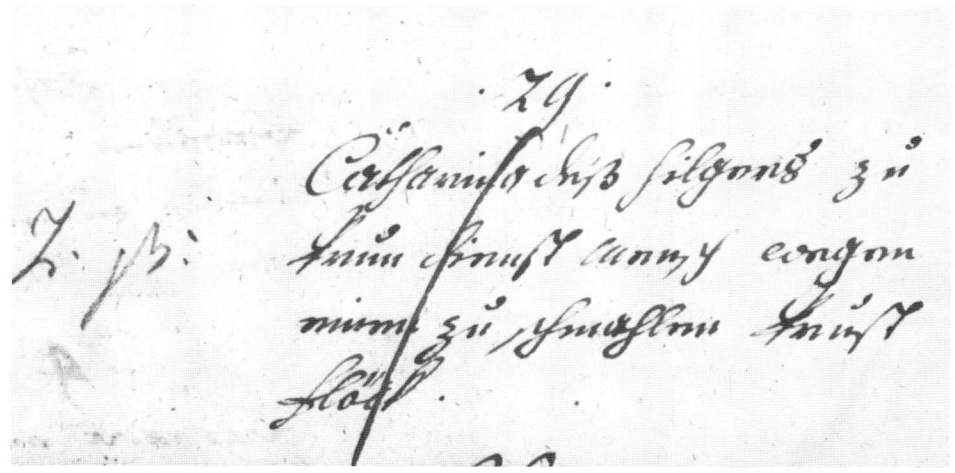

Verhörsprotokoll
der Catharina deß
Hilgers zu Prun
1771

Ein anderes Vergehen hat darin bestanden, daß »Elisabetha, eine Mayr Diern zu Kafterbaum sich nach Bettzeit von Würthshauß in nacher Haus gehen betretten lassen«. Da um 10 Uhr abends alles hat zu Haus sein müssen, hat sich diese Dirn schuldig gemacht, denn sie ist erst nach dieser Zeit vom Wirtshaus heimgegangen. Sie mußte dafür 2 Schilling Pfennig berappen.

Dasselbe Protokoll weist aus: Ein Wirtsknecht namens Joseph von Prun ist deswegen zu 3 Schilling Pfennig verurteilt worden, weil er »auf einer Hochzeit unter die Hochzeitsgäst gstanzlt« hat. Vielleicht hat der lustige Sepp dabei unzüchtige Lieder gebracht.

Ja, lieber Leser, wenn du jetzt schön langsam anfängst, den Kopf zu schütteln, schüttle ihn ruhig weiter, denn es wird noch schlimmer. Grimms Märchen entstanden fast ein Jahrhundert später, der Kautschuk ist erst 1793 aus Südamerika gekommen, die Zahnbürste verbreitete sich erst 1749 in unserem Land, und in der kleinen Welt, Prun geheißen, hat sich das hier Abgedruckte exakt und gründlich nachweisbar alles abgespielt.

Ein besonders gravierender Vorfall: »Anna, eine Fischer Tochter von Pergham liesse sich mit einem ärgerlichen zu kurzen Kittel betretten«. Auch sie bekam eine Geldstrafe.

Und noch eine größere Sünd aus dem Hilgerhof und dem Hof des heutigen Nachbarn Ludwig Hans, mit Hofnamen Nidermayr, ist festgehalten: »Joseph Nidermayr, Knecht von Prun und Maria Hilger, Dirn daselbst, haben sich beim obigen Nidermayr in dessen Stadl verdächtig ersehen lassen, jedes 4 Schilling (Strafe), thuet 1 Pfund«.

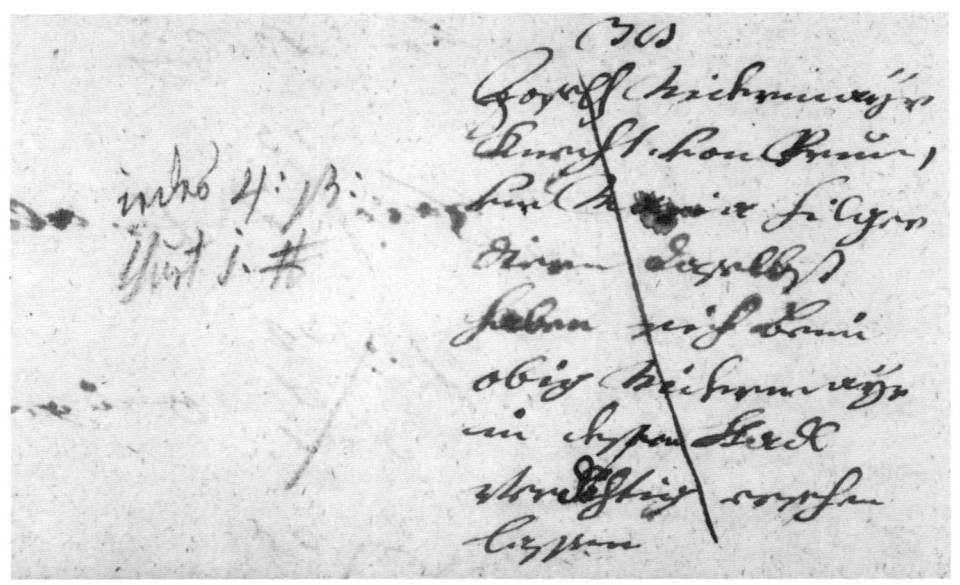

Verhörsprotokoll des Joseph Nidermayr, Knecht zu Prun, aus dem Jahre 1771

Erst im Jahr 1775 hat man in Deutschland die letzte Frau als Hexe hingerichtet.

Die Obrigkeit hat die Sitten und Moral bei den Untertanen mit andrer Elle als bei sich selber gemessen. An den Königshöfen hat es einen Sittenverfall gegeben, aber das Volk ist mit harter Knute zur Zucht gebracht worden. Päpste, Könige und auch Pfarrer ließen beim gemeinen Volk nichts durchgehen, was sie diesem als Vergehen anlasteten, auch wenn sie selber anderes Recht beanspruchten.

Ein mit der Welt und seinen schwarzen Schafen recht zerkriegter und verbitterter Pfarrer hat bestimmt keinen Stammtisch beim Kirchenwirt oder beim Brandl zu Pittenhart gehabt. Wenn der sich über seine Pfarrkinder ärgerte, ist er einsam in seiner Stube gesessen und hat seinen Grant über die

Leut, die politischen Einflüsse und über die Unmoral seines Sprengels mit scharf gespitzter Feder giftig in sein Buch geschrieben. So ist zu lesen in einem Wälzer von 305 Seiten (erster Band) mit Ortsregister und Hausnamen, nicht ganz vollständig und mit teils losen Blättern, aber immer noch ergiebige Quelle für die Ortsforschung, zugleich aber auch ein Zeugnis dafür, daß auch der gestrenge Hochwürden ein Mensch gewesen ist, der seinem Ärger freien Lauf in heftig verbrauchter Tinte lassen mußte, was sich hier tat.

Die nachstehenden Auszüge sind für uns höchst vergnüglich, könnten aber für die deutlich erkennbaren Nachkommen der darin Getadelten vielleicht peinlich sein. Deshalb sind Namen und Hofnamen nach kurzem Widerstreit von Chronistenfreud und Höflichkeit ein bisserl verändert worden.

„nachdem der rabiate Bauernbündler Joseph Kern im Verlaufe von 10 Jahren mit Mätressen und Reitpferden und dergleichen Passionen, das Vermögen von 36 000 Mark, wegen dessen er die nochmal so alte Heinrich-Besorgerin geheirathet hatte, durchputzte, wurde im November 1900 dieses Anwesen auf dem Ganterwege versteigert, und kam um 8100 Mark in den Besitz des Bürgers von Obing."

Da legst di nieder: Mätressen und Reitpferde – gut, daß's heut sowas nimmer gibt.

„eine Tanne mit 215 Jahresringen, ist am 31. Aug. 1932 im Walde des Riegelhuber gefällt, und in die Ausstellung beim vorjährigen Stadtfest nach Trostberg gebracht worden.

Diese Tanne ist 1725, wahrscheinlich schon gestanden. (Pfarrer Gruber 31. Aug. 34)"

„Maria geb. nach ihrer Verheiratung BG 76 ein im ledigen Stande von einem Dienstknecht — Gregor Lechner von Kronberg empfangen Kind ‚Jacob' 3. Okt. 1898, welches sie als ehelich eintragen lassen wollte."

Ordnung muß sein, hat der Herr Pfarrer halt gemeint, und kontrolliert wurde genau.

Über einen aus Fremmling (heute Fremdling) trug Hochwürden grantig ein:

„eine leider ganz unchristliche und verkommene Familie. Der alte Paul ein eingefleischter Flucher und Zigarrenraucher, starb in Miethe im Schneiderhaus zu Pittenhart."

Und Bankrotteure hat es auch damals gegeben:

„Das neue Ehepaar par nobile fratrum lebte in Saus- und Braus von 1894 bis July 1895, wo sie beide heimlich ihre sämtlichen Fahrniffe, Getreide, Vieh verkauften und in der Nacht fortschleppen ließen um ihre Gläubiger um diesen Erlös zu 7000 Mark zu prellen."

Politischer Ärger blieb nicht aus, denn der E. Ludwig ist

„am 24. 1. 23 aus der Kirche ausgetreten, und Kommunistenführer und Stadtrat in Miesbach — 1931 wegen Landfriedensbruch zu einem Jahr Monat Gefängnis verurteilt."

Über einen Bauern aus Heinrichsberg sagt das Buch:

„beide verkauften Anfang 1889 ihr Anwesen an Gutschlächter von denen Gott meine Pfarrei bewahren möge, und kauften das Weberanwesen — Krämerei in Aindorf, Haus Nr. 60 a — unglückliche Ehe! Vir est abulter notus, und Bauernbündler und verlungerte das viele Geld das er erheiratete."

Arges Lumpenpack hat da gehaust

„wahrscheinlich derselbe Menschenteufel, der am Pfingstsonntag nachts 3 Uhr, das Lampl-Anwesen einäscherte, zündete am Montag nach dem Ärndtefeste den 4. Sept. 1893, nachts 2 Uhr das Obernhaus an, welches niederbrannte. Sogar die Dachglocke des Hauses war ausgehängt worden."

Am 3. April 1842 ging der Herr Pfarrer wieder mit den Bauernbündlern ins Gericht:

„der Besitzer Georg Reindl, Bauernbündler, Hofschlächter und dergleichen mehr, von allmäniglich für einen sehr vermögendlichen Mann gehalten, vergantete August 1900 und brannte das Anwesen mit allen Ärndteergebnissen und über 100 Klafter Brennholz Sept. 1900 total ab. Die vox populi nennt als Brandstifter den Georg Reindl selbst. Das Anwesen war vom hiesigen Metzger Dungler und dem Vordermaier von Pfaffing als Hypothekgläubigerin eingesteigert und bereits wieder verkauft aber noch nicht verbrieft! Reindl wurde einstweilen aus der Haft wieder entlassen. Merkwürdig! Wenn wir das Schicksal der verbissendsten unter den wenigen Bauernbündlern der Gemeinde betrachten:
Der Aas von Altersham wurde todt auf dem Felde gefunden 1898.
Der Lehr Winsauer starb plötzlich ohne Licht und Leuchter 1897.
Der s. g. Wirthssimmerl wurde todt im Bette gefunden 1900.
Der Hans-Krahmer von Aindorf vergantete und verschwand 1900.

Der Veichtl von Mallerding vergantete und verkam 1900, nun Fuhrknecht.

Der Kastner von Aindorf verschwand mit nicht gutem Rufe, Wirtspächter.

Der Paul von Fremmling vergantete, und ist jetzt Hausknecht."

Daß eine zeitweis Narrische immer noch Viechdoktor sein konnte, erfahren wir auch.

„Die Ehegattin Theresia Billmoser, war, wie früher ihre Mutter, vor drei Jahren, von 1892 bis 1895 närrisch, kann aber seitdem wieder ihrem Geschäfte als Viehärztin nachgehen, sonst wäre das Anwesen durch ihren Mann quia bibulus wohl in fremde Hände gekommen."

Und jetzt sag einer noch, der Begriff »ländlich-sittlich« sei kein Unsinn:

„Der Pallotinerfrater Joseph trat 1895 sein väterliches Anwesen an seinen Bruder Aloys Musikant und bisher noch großer Luftikus mit vier illegalen Kindern ab."

Schwarze und weiße Schafe werden ohne Gnad im Buch verewigt.

„Joseph Körner kaufte sich im Juni 1890 in Stück der Pfarrei Aindorf, an, und verkaufte das bisherige Anwesen um 10 000 Mark, an den Strasser-Sohn Josef Zilger von Fachendorf.

Körner hat einen Bruder, der als Pater Linus Guardian in München ist und hat Buben, die Lumpen sind."

Und immer wieder die greusliche Politik.

„Kam 1879 als Schullehrer hierher, ein liberaler Bauernbundführer. Er hat vom Wirtshaus in Aindorf aus besonders unter den jungen Leuten der Obernpfarrei viel Unheil angestiftet, sodaß jetzt die frühere so einträchtige moralisch gute Pfarrei in zwei politisch getrennte Lager geteilt ist. Um Bauernbund und rothen Sozialismus hier einzubürgern, war ihm kein Mittel zu gut und noch wenigen eines zu schlecht. Gottlob, daß er überhaupt nicht beliebt war und so sein Anhang meistens aus Bibulis und den vorhandenen Ehebrechern nur rekrutieren konnte."

„Am 1. Nov. 1897 kam als neuer Lehrer hierher Wendelin Wastlhuber bisher in Aufkirchen bei Erding.

geb. 9. 6. 1851 zu Trostberg, mit acht Kindern, der wegen Unterschlagung bei der Postkasse (5557,50 Mark) Lügen einerseits Schulden machen, durch die k. Regierung seines Postens am 1. März 1900 wieder enthoben wurde."

Früher war einmal einer Wirt, der muß ein rechter Hallodri gewesen sein.

„1927 und kurz davor, war Besitzer Franz Xaver L., durch die Inflation in den Besitz des Wirtsanwesens gelangt, verlor sein Vermögen so schnell, wie es gewonnen war. 1927 baute er die Villa neben dem Spiel-Schmid und hielt ein Auto, dann kaufte er eine Wirtschaft in Mühl-dorf, auf welcher er in kurzer Zeit verkrachte. Er bezog seine Villa hier wieder, brachte ein großes teures Auto mit, das aber bald darauf verbrannte — die Versicherungssumme verlor er gleich nach der Auszahlung —

1931 aber verduftete er nach Rosenheim, nachdem Racheversuch und Betrugsversuch gegen die hiesige Ortsfürsorge erfolglos waren."

Einen Bänkelsänger könnte man sich recht gut vorstellen, wie er an seiner Drehorgel kurbelt, mit dem Stecken auf die bunten Schautafeln zeigt und auf dem Jahrmarkt über das selbstverschuldete Schicksal des Isidor Niedermayer mit seinem ungetreuen Weib berichtet, das - während der Ehemann im Zuchthaus saß und sie das Armenbrot der Gemeinde aß - mit frechem Stolz einen goldenen Priener Hut trug und ein Kind gebar, an dem ihr Ehemann unschuldig war:

»Er wollte wie Ikarus fliegen lernen und errichtete eine Weiß-Bier-Brauerei 1862, die ihm soviel Gewinn brachte, daß er Dezember 1893 durch schnellen Verkauf seiner Gründe und dann der Anwesen noch dem Bankrott entkam. Das Restgut kaufte Bierbrauer Dietl von Baumburg um 11 000 Mark. Der Schneider (man sieht, hier wird Familienname und Hofname wieder verbunden) siedelte sich einstweilen bei Prutting an, bis er etwa zum Pittenharter Gemeindebrot zurückkehren wird, kam dann als Taglöhner mit Familie nach Rosenheim 1894, wurde 1895 zweieinhalb Jahr lang wegen Rauferei Anstaltsbürger vom Zuchthaus Laufen, währenddessen seine Gemahlin mit goldenem Priennerhut das Gnadenbrot der hiesigen Gemeinde aß und ein Kind gebar, an dem der Ehemann unschuldig war.«

Wenn man das liest, fragt man sich schon, ob die Nostalgie nicht doch eine recht gedankenlose Erfindung von unzufriedenen Menschen unserer Zeit ist. War die alte Zeit wirklich so gut?

46

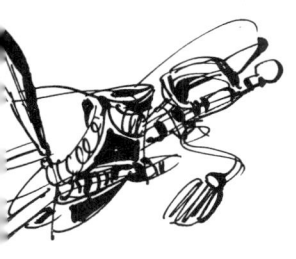

Räubergeschichten, sogar erschreckliche, liegen im Keller vom Königlich Bayerischen Amtsgericht gebündelt. Gegen Raubzüge mit Riesenbeute hat der einfache Mensch von eh her nix machen können, wie er auch nie gegen den Griff in sein Geldsäckel durch des Vaters Staat Hand gefeit war. Man denke nur, was der Gütler früher an Abgaben hat leisten müssen und mit welchem Prunk in der nämlichen Zeit Neuschwanstein erbaut worden ist. Aber dennoch: Damals hat der Bauer seinen König geliebt.

Doch vorwärts in der Geschichte und entgegen einer Zeit, die vom Eisen regiert wird. Die Eisenbahn ist projektiert worden, und sogar ein Bahnhof hat nach Pittenhart kommen sollen. Der wurde weit draußen im Land installiert, weil die Bauern keinen Grund hergaben, damit die Dienstboten nicht durch einen zu nahe gelegenen Bahnhof in die sündhafte Stadt haben abwandern können. Nun ist dieser Bahnhof schon seit einigen Jahren wieder eingestellt. Die Bauern fahren mit dem Auto, Knecht und Mägde werden weitgehend durch Maschinen ersetzt.

Gesindefotos lassen sich selbst in der hintersten Schubladenecke nur recht selten finden, weil der Bauer kein Geld ausgab für das Fotografieren von Knechten und Mägden.

Was ein rechter Heimatforscher ist, der weiß auch: Die Freiwillige Feuerwehr ist beim Löschen immer schnell dagewesen und hat fein Buch über jeden Brand geführt. Für einen Versicherungstandler wie mich ist es höchst aufschlußreich zu erkennen, daß nicht der Blitz oder ein kaputtes Kabel die Ursach war. Brandstiftung war oft nicht auszuschließen, steht vielmehr handfest im Buch.

Die Chronik vom Hof

Es mag schon sein, daß einige Inhaber dieses meines selbstgestrickten Werkes bald erkennen, mit wieviel Zeit, Mühsal und Liebe zur Sach und historischer Staubeinatmung unter Zuhilfenahme von gelahrten Räten diese recht harte Arbeit entstanden ist.

Bei der harten und freudvollen Arbeit gab es immer wieder Höhepunkte. Einer davon ist das Aufspüren von alten Urkunden und Aufzeichnungen gewesen, aus denen sich die Hofchronik ergab, so daß seine Geschichte und seine früheren Bewohner wieder – wenigstens vor dem geistigen Auge – ganz lebendig werden konnten.

Da ein Humor in einer Chronik oft nur im Hintergrund stecken kann, muß ich es meinem geübten Leser überlassen, diesen zu finden, wenn ich mich jetzt vor einem alten Steh-Schreibpult aufpflanze, die Perücke pudere, den Nickelkneifer auf meinen Zinken drücke und mit Pinsel, Federkiel, Streusand und sicherlich bald einem Knieschwammerl das exakt nachzeichne, was Mönche, Patres, Scribanten und Kanzleischreiber vor einigen hundert Jahren auf Pergament gemalt haben.

So muß ich jetzt halt schon ein bisserl sachlicher schreiben, damit mich die Intelligenzbestien von geistreichen Kritikern nicht zur Schnecke machen, denn ganz ohne wissenschaftlichen Grundverstand bei dieser Arbeit geht's nicht, wenn ich mich mit der gebührenden Ehrfurcht über die Chronik hermache.

Chroniken sind oft spannender und fesselnder als die schönsten erfundenen Geschichten. Und dazu kann man viel aus ihnen lernen über die Verhältnisse der Leut zur Obrigkeit und umgekehrt.

Die Geschichte vom Hilgerhof in Niederbrunn läßt sich durch die Beurkundungen in den Sal- und Stiftbüchern des Klosters Seeon, dem der Hof sowie das Dorf Niederbrunn größtenteils mit der Grundherrschaft unterworfen waren, und mit den Steuerbüchern, Güterbeschreibungen, Scharwerksbü-

Ist er nicht schön geworden, mein Hilgerhof? Unter seinem weiten Vordach gibts Schutz vor jedem Wetter, und die langen Holz-Dachrinnen fangen auf, was an Regen aufs Dach fällt. Die Geranien vorm Haus machen mir das Herz warm, und die mutig-kleinen Fenster schauen auf grüne Wiesen und Felder, in den Wald, ins Moos und in die bayerischen Berg.

In der unteren Flöz
hat's früher einmal
einen Ziehbrunnen
gegeben. Der war im
Haus; aus Angst vor
Brunnenvergiftung,
versteht sich. Heut
steht unter der Stiege
ein Milchschrank.
Hinten sieht man
einen echten Irschen-
berger Kasten. Töner-
nes Geschirr ringsum
zeugt von bayerischer
Töpferkunst.

51

Eine umkränzte, in Holz geschnitzte Madonna beherrscht das Mittelfeld der aufgedoppelten Sterntür.

Was heute eine gute Versicherung tut, erhoffte man sich zu heidnischen Zeiten von einem solchen Abwehrzauber am Hoftor, der böse Geister und Unheil verscheuchen sollte.

Der Troadkasten
war einst die Korn-
kammer des Hauses.
Heut dient er als
Studierstube, Archiv
und Bibliothek.

Kachelofen aus Tirol,
mit Flechtmuster-
kacheln aus der
Renaissance.
Barockaufsatz mit
Wappen.

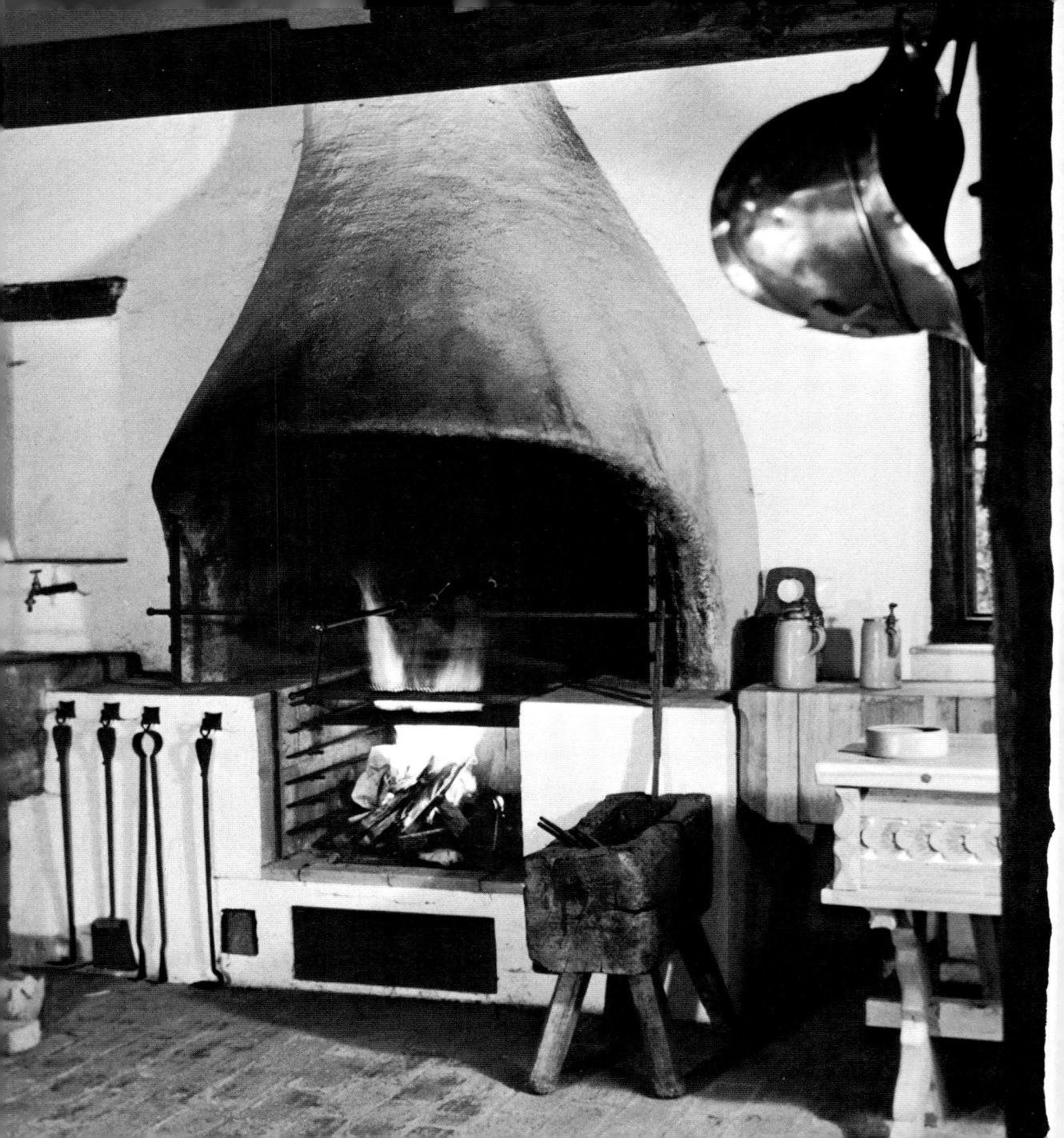

Der überdachte
Kamin in der Manier
eines Backofens lädt
zum Grillen und
Träumen ein.

chern und anderen Aufzeichnungen des Gerichts Kling, wohin Niederbrunn damals gerichtsbar war, über gut 500 Jahre zurückverfolgen.

Das Bauernleben ist in den früheren Jahrhunderten nicht leicht gewesen. Der Grund und Boden gehörte einem Grundherrn, der Hilgerhof zum Beispiel dem Kloster Seeon. Der Bauer hatte bei Gutsantritt nach Erlegung des Anfalls (der Einstandszahlung), auch Laudemium genannt, nur das Nutzeigentum erworben. Für die Nutznießung mußte er Abgaben leisten und zwar »die Stift« in Geld und »die Gült« in Naturalien. Meist ist das ein Drittel der Feldfrüchte gewesen. Diese Naturalleistung wurde im 17. Jahrhundert vielfach in Geld umgewandelt. Dem Gerichtsherrn mußte der Bauer zudem die Landsteuer, eine Art Bodenabgabe, bezahlen und außerdem unentgelt-

Schloß Cling, 17. Jahrhundert (AStA, Plansammlung 9301)

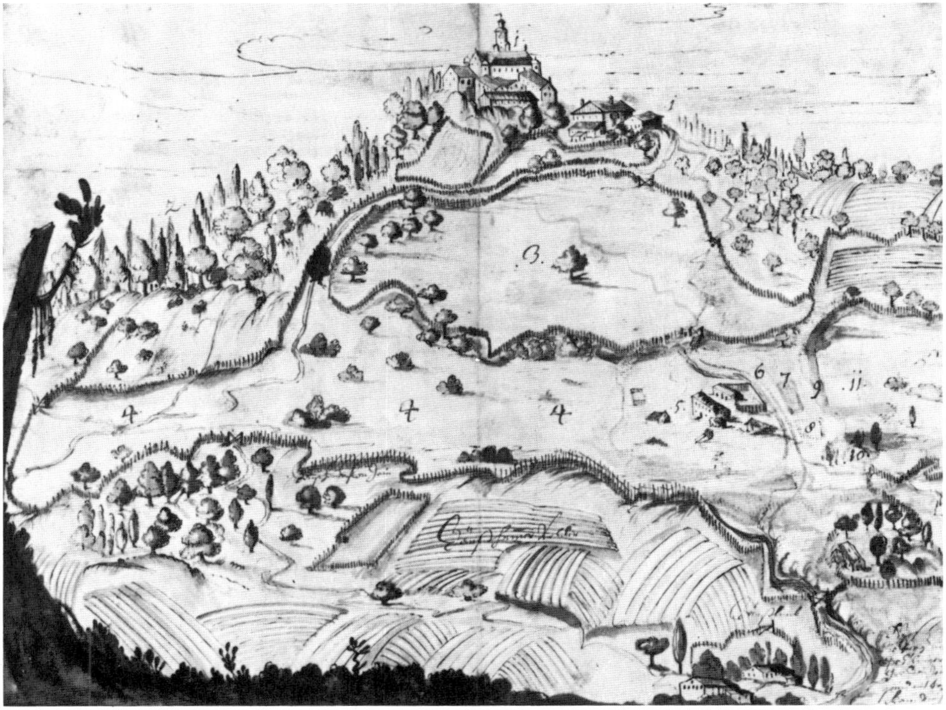

57

lich Scharwerksdienste, die sogenannten Hand- und Spanndienste, leisten, wobei die größeren Bauern mit Roß und Wagen und die kleineren mit der Hand scharwerken mußten.

Wege- und Straßenarbeiten haben sie verrichten müssen, auch Mithilfe bei Jagden, Kultivierungs- und Rodungsarbeiten sowie Arbeitsleistungen bei Anbau und Ernte von landesherrlichen und bei Hofmarken von gerichtsherrlichen Gründen. Eine weitere Belastung des Bauern ist der Zehent an den Pfarrherrn gewesen, der Getreidezehent und der Blutzehent, worunter man die Abgabe von Kleinvieh verstand.

Aus der Zeit der Vogteien, als der Grundherr noch für den Schutz seiner Grundholden sorgte, hat sich noch die Vogteiabgabe, als Vogteihafer oder Vogteihennen über Jahrhunderte fortgeschleppt, obwohl die Vogteien nicht mehr bestanden oder ihre ursprüngliche Bedeutung verloren hatten.

War der Mensch erst einmal an eine Steuer gewöhnt, so hat man sie gern belassen, auch wenn sie ihren Sinn verlor. Das hat sich über die Jahrhunderte recht gut erhalten. Die Säu wechseln, der Trog bleibt.

Für die Überlassung eines Gutes an den Bauern hat es verschiedene Leiherechte gegeben. Das gebräuchlichste war die sogenannte Freistift oder Herrengunst, wobei der Grundherr dem Bauern jederzeit unter Einhaltung einer Frist aufkündigen konnte. Ein verbessertes Recht war schon das Leibrecht, das mit dem Tode des Leibrechters oder des Bauern endete. Das beste Leiherecht stellte das Erbrecht dar, das eine Vererbung an die Nachkommen mit Einwilligung, Consens genannt, des Grundherrn erlaubte. Die sogenannte Neustift beendete das Leiherecht mit dem Tode des Grundherrn. Dies wurde meist bei den Klöstern im Hinblick auf den Abtswechsel angewandt. So war also der neue Abt in der Lage, neue, auch höhere, Abgaben festzulegen. In der Praxis hat man aber niemand ohne sehr triftigen Grund vom Hof vertrieben, und die Bauern konnten trotz der verschiedenen Leiherechte ihre Güter an ihre Nachkommen vererben.

Der Größe nach und je nach Ertragslage wurden die Güter zur Besteuerung eingeteilt in ganze Höfe mit mehr als 120 Tagwerk, halbe Höfe oder Huben mit etwa 80 bis 120, Viertelhöfe mit etwa 20 bis 30 Tagwerk, dann gab es noch Sechzehntelgütl oder Leersölden ohne Ackerland, aber mit Garten, und Zweiunddreißigstelgütl oder Leerhäusl ohne Garten.

Bei der Neuordnung Bayerns mit dem Beginn des 19. Jahrhunderts trat in dem alten Treueverhältnis zum Grundherrn mit der sogenannten Bauernbefreiung ein elementarer Wandel ein. Durch die Säkularisation im Jahre 1803 ist die Grundherrschaft der Klöster und Stifte aufgehoben und vom Staat übernommen worden. Den Bauern auf diesen Gütern wurde nun der Loskauf von der Grundherrschaft angeboten, wobei man für einen ganzen Hof einen Betrag von ca. 600 fl (= Gulden) abwärts für einen ganzen und kleinere Höfe vorschlug. Diese hohen Beträge sind für die Bauern kein großer Anreiz gewesen. Als 1832 der Staat mit günstigerem Angebot an die Bauern herantrat und die Zahlung in Fristen vorschlug, haben die Bauern begonnen, sich loszukaufen. Im Jahr 1848 wurden auch die grundherrlichen Rechte der Adligen, die Patrimonialherrschaft, aufgehoben, so daß sich auch die Bauern der alten Hofmarken und Herrschaften loskaufen konnten. Ein weiteres Gesetz vom 28. 4. 1872 sprach dann die Zwangsverbindlichkeit zur Ablösung aus; der Schlußstrich unter das Kapitel Bauernbefreiung ist aber erst nach dem Ende des Ersten Weltkrieges mit der Abschaffung der Bodenzinse gesetzt worden.

Das Dorf Niederbrunn hat zum alten Gericht Kling gehört, in weiterer Unterteilung zum Amt Obing und letzlich zur Obmannschaft Pittenhart. Der Vorsteher der Obmannschaften, die man auch Hauptmannschaften nannte, war der Obmann. Er hatte die Aufgabe, Musterungen vorzubereiten und auch bei Eintreibung der Landsteuern, des Scharwerks und anderer Verpflichtungen mitzuwirken. Die Obmannschaften als kleinste Verwaltungseinheit sind im Grunde aus einer militärischen Einteilung hervorgegangen.

Der Grundherr des Hilgerhofes, das Kloster Seeon, wurde um das Jahr 995[4] von Pfalzgraf Aribo, einem Freund des Bischofs Wolfgang von Regensburg, gegründet. Die Klostergründung wurde im Jahre 999[5] sowohl durch Kaiser Otto III. wie auch durch Papst Sylvester II. bestätigt. Leider sind in diesen Bestätigungen die dem Kloster dotierten Güter nicht angegeben. Man kann aber annehmen, daß Seeon reich mit Gütern ausgestattet war. Möglicherweise sind auch die Güter von Niederbrunn schon damals zu Seeon gekommen.

Das Dorf Niederbrunn wird als Prunn bereits 924[6] im Codex Adalberti des Erzstifts Salzburg aufgeführt, als die Edlen Eginolf und Walther ihren Besitz zu Prunn gegen anderen Besitz des Erzbischofs zu Arnstorf (Ernsdorf) vertauschen.

Erste Erwähnung von Prunn »Prunna« AD 924 (Hof- und Staatsarchiv, Wien)

Anm. 4–6 siehe Seite 73

Die Herkunft des Namens Hülger ist auf das alte Wort Hülge oder Hülle zurückzuführen. Man deutet dies auf einen gefaßten Brunnen oder eine Zisterne.

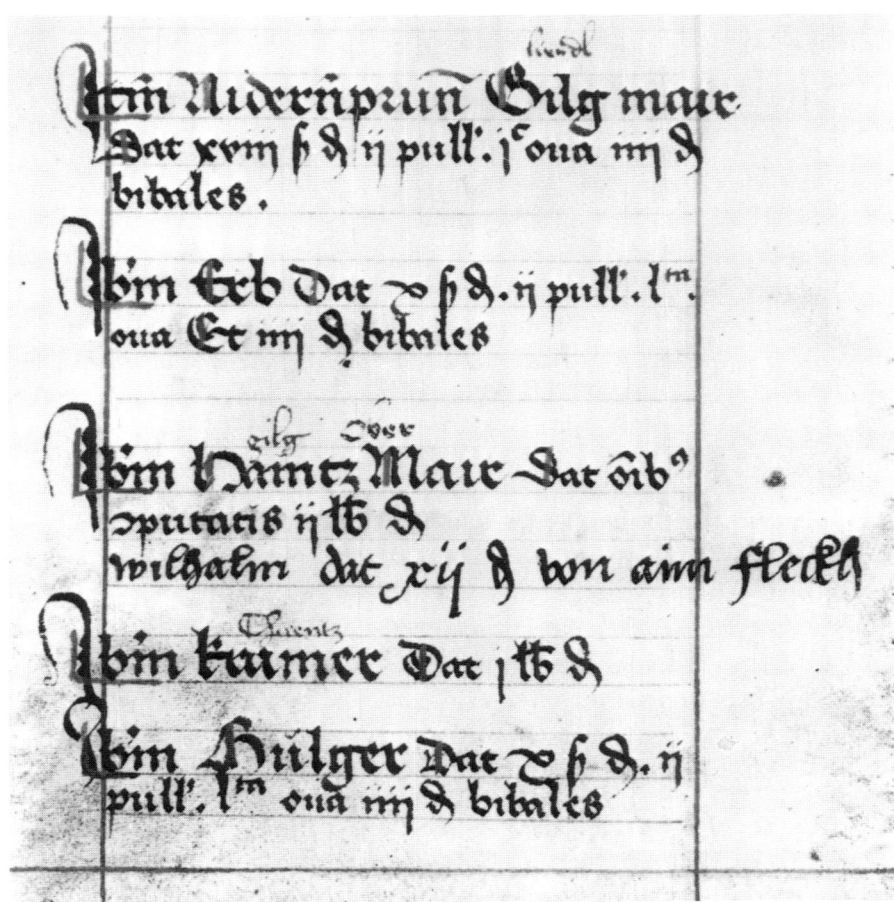

Erste Erwähnung des Hilger im Salbuch des Klosters Seeon 15. Jh. (Mitte)

Aus dem 15. Jahrhundert sind über den Hilgerhof zwei wertvolle Beurkundungen erhalten und aufgespürt. So ist in einem Salbuch des Klosters Seeon ungefähr Mitte des 15. Jahrhunderts[7] unter Nidern Prunn der Eintrag zu finden »Hülger dat X ß dn, II pullos, L ova, III dn bibales« – der Hülger gibt 10 Schilling Pfennig, 2 Hühner, 50 Eier und 4 Pfennig Bibal. Unter Bibal verstand man in früheren Zeiten eine Gebühr für den Amtsschreiber.

Anm. 7 siehe Seite 73

61

Jb hännst külg oabit·r·Con·n·pult·
·m·bibal·l·oua

Fast unverändert findet sich dieser Eintrag im Salbuch des Klosters Seeon, das mit dem ungefähren Jahr 1460[8] beginnt, aber hier ist der Hülger schon als Hännsl Hülger aufgeführt. Es ist hier in diesen Beurkundungen von Schilling und Pfennig die Rede. Hierzu sei bemerkt, daß seit dem 13. Jahrhundert im alten deutschen Reich als Währung das Pfund zu 240 Pfennigen in Gebrauch war. In Altbayern war das Pfund gebräuchlich in 8 Schillinge zu je 30 Pfennig untergeteilt. Im 16. Jahrhundert hat der Gulden das Pfund verdrängt, und dieser Gulden wurde dann später in 60 Kreuzer zu je $3\frac{1}{2}$ oder 4 Pfennig untergeteilt.

Die Hilger waren also schon da, als in Tegernsee Erdöl zu Heilzwecken, das Quirinusöl, gewonnen wurde, als 1455 Gutenberg seine Bibel mit 42 Zeilen je Seite drucken und Papst Innozenz VII. die Verstärkung der Hexenverfolgung befahl. Die Grundsteinlegung der Frauenkirche zu München war erst 1468 und Kolumbus entdeckte Amerika erst 1492, also Generationen, nachdem die Hilger nachweisbar sind. Da war ganz Amerika noch ein Indianerkral. Bramante begann erst 1506 mit dem Bau der Peterskirche in Rom.

Das Dorf Niederbrunn ist nochmals im 15. Jahrhundert[9] in einem Verzeichnis über Vogteiabgaben festzustellen: »ze Prunn V gut iegleich gut geit VI mez« – zu Prunn 5 Güter je gleich Gut gibt 6 Metzen (Hafer).

Der Metzen ist ein Hohlmaß für das Getreide, er umfaßte 37 Liter; 6 Metzen gaben 1 Schäffel zu 2,22 Hektoliter und etwa $4\frac{1}{2}$ Schäffel gaben ein Mutt. Das Gewicht eines Schäffels schwankte je nach spezifischem Gewicht des Getreides zwischen 100 und 150 Kilogramm.

In einem Steuerbuch des Gerichts Kling von 1535[10] steht ein Jörig Hülger von Prun mit einem Lehen freistiftig zum Kloster Seeon. An Viehbestand hatte er »2 Roß, 3 Küe, 1 Kalb, 4 Sau und 3 Schaf«.

Ein Steuerregister von 1538[11] nennt einen Hans Hilger mit 1 Sölde. Für seine Herrngunst (Freistift) zahlt er 1 Schilling 6 Pfennig und für seine Varnus, die bewegliche Habe, das Haus- und Ackergerät, 2 Schilling 12 Pfennig.

In diesem Jahr 1538 kommt der erste Kaffee von Konstantinopel nach Europa und erst 10 Jahre später, 1548, kam die Kartoffelpflanze, unser Erdapfel, aus Südamerika.

Die alten Bücher lassen 1549[12] einen interessanten Streit zwischen den Bauern von Ober- und Niederbrunn einerseits und dem Kloster Seeon andererseits erkennen. Es war in früheren Zeiten üblich, die Schweine zur Mast in den Wald zu treiben, wo sie in den damaligen Laubwaldbeständen Eicheln, Bucheckern und anderes fanden. Dies hat man die Schweinetechel genannt. Das Kloster Seeon machte nun den Bauern das Recht streitig, die Schweine in den Wald am Höhenberg zu treiben, wie es doch seit langer Zeit üblich gewesen ist. Die Regierung von Burghausen, an die sich die Bauern gewandt hatten, entschied aber, daß es bei dem alten Herkommen verbleiben sollte, daß jedoch nicht mehr als 225 Schweine eingetrieben werden sollen.

Im Jahre 1554[13] wurde eine Herdstättenbeschreibung angelegt, und hier ist der Hans Hilger mit »1 Sölden gen Seeon« genannt. Die Überwachung der Feuerstätten ist streng gehandhabt worden, da man ja in den Hütten nur offene Feuer kannte. So ist beispielsweise im Jahre 1771[14] in Oberleuthen ein Bauer mit 4 Schilling Strafe belegt worden, weil er im Kuhstall mit Spanreischen (brennender Span zur Beleuchtung) erwischt worden ist.

In einem Stiftbuch von 1558[15] kann wieder von diesem Hans Hülger gelesen werden. Er gibt von seinem Gut 10 Schilling Pfennig. Nachfolger war der Michael Hilger, wie aus dem Scharwerksbuch von 1578[16] zu entnehmen ist. Der weitere Nachfolger war Jörg Hilger. Dieser »hat neugestifft anno 1582«, besagt das Stiftbuch aus den Jahren 1576 bis 1588[17].

Das Scharwerksbuch von 1598[18] erzählt: »Geörg Hilger zu Prun scharbercht mit 1 Roß«, also er gehörte schon zu den größeren Bauern.

Auch das Scharwerksbuch von 1599[19] macht diese Angabe. Im Jahre 1612[20] wurde von den Landgerichten erstmals eine Steuerbeschreibung angelegt, und der Eintrag im Klinger Steuerbuch unter Niderprun gibt von Georg Hilger an, daß er für die Herrengunst (Freistift) 4 Schilling 24 Pfennig bezahlt,

Anm. 8–20
siehe Seite 73

an Viehbestand hat er 1 Roß, 2 Kühe, 1 Jungrind, 1 Schwein und 4 Schafe. 1613[21] hat Hans Hülger mit seiner Hausfrau Anna »dieses Haimet« vom Kloster verstiftet bekommen. Der Gesamtwert des Gutes wird mit 36 Gulden angegeben. Dieser Hans Hilger ist auch im Scharwerksbuch von 1642[22] nachweisbar.

Der Hilgerhof soll übrigens im Jahr 1638 vor der Vergantung gestanden haben, wie aus einem Stiftbuch von 1645[23] hervorgeht. Die Ursache dazu war bestimmt nicht die damalige Verbreitung des Tabakrauchens in Deutschland, sondern ist eher in den Lasten des Dreißigjährigen Krieges 1618 bis 1648 zu finden.

Aus dem Steuerbuch von 1612

158.

Anm. 21–25 a
siehe Seite 73

Untertanen-
Beschreibung des
Gerichts Kling
1672

Sehr aufschlußreich ist eine Güterbeschreibung des Klosters Seeon von
1672[24]. Sie gibt Einblick in die Bebauung der Felder und in den Ertrag. So
baut der Hans Hilger in das große Feld 15 Metzen, in das mittlere Feld 14 und
in das kleinste ebenfalls 14 Metzen. Es heißt hier »der mezen tregt diß orths
schwerlich 3«, also ein gesäter Metzen bringt zur Ernte kaum drei Metzen
Getreide. Der weitere Ertrag des Gutes sind 2 Fuder Heu, und man kann
1 Roß und 6 Kühe halten.

Ein wertvolles Familienbuch der Pfarrei Pittenhart[25], das um 1670 beginnt,
liefert in der Folge auch die Heiratsdaten der Hilger. So hat am 27.6.1678 ein
Johann Hilger die Eva Hilger geheiratet und am 26.9.1695 Markus Hilger
die Ursula Pichler von Pichl bei Obing.

Ein Besitzwechsel findet sich noch ausführlich in den Briefprotokollen des
Gerichts Kling unterm 31.7.1695[25a]. Nach dem Tod des Hans Hilger zu Prun
und auch seiner Ehefrau Eva übernimmt der Bruder der verstorbenen Ehefrau, Max Hilger, das Hilgengütl und setzt sich mit den drei unmündigen
Kindern Maria 12, Hans 9 und Joseph 7 Jahre alt, auseinander. Interessant ist
hierbei, daß bei dem Hilgergut eine Weberwerkstatt, also der »Stuedl und
andern Handtwerchzeug« vorhanden war, was auch mit übernommen wurde.
Den Kindern werden 100 fl elterliches Gut verschrieben, außerdem hat jedes
von ihnen einiges zur künftigen Verehelichung zu erwarten: »ein gefertigte
neue Truchen, dem Dirndl aber absonderlich ain Pött (Bettzeug), ain Polster,
ain paar Laylach (Leintuch), ein Pöttstatt (Bett), ain Duzet Döller (Teller)

Nach dem Tod
des Hans Hilger
übernimmt
Max Hilger
das Hilgergütl
21.7.1695

und ain Duzet Löffln und mithin sye (die) Kinder zu begebenter Verheura-
thung mit gebräuchiger Frühsuppen (Hochzeitsessen) von Haus (aus) zu
förttigen (versehen) sind.

Niederbrunn liegt nahe beim Kloster. Das war der Grund, daß die Nieder-
brunner auch Küchendienst leisten mußten, und so hatte 1680[26] der »Hannß
Hilger alda Ayr 1/2 Centen, hienner 2, Schmalz 4 Pfund«, also ein halbes
Hundert Eier, zwei Hühner und vier Pfund Schmalz jährlich geben müssen.

Im Jahr 1721[27] hat man eine neue Steuerbeschreibung angelegt, nach welcher der zum Kloster Seeon leibrechtige Simon Hilger einen Viehbestand
von 1 Roß, 2 Kühen, 1 Jungrind, 4 Schafen und 1 Schwein aufzuweisen hat.

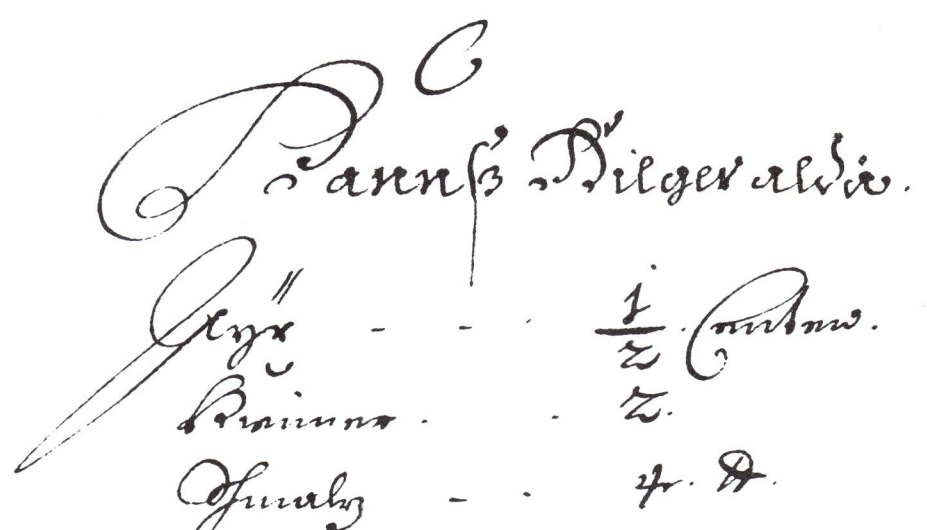

aus dem Küchen-
Dienstbuch des
Klosters Seeon
1680

Er hat nun schon ein besseres Leiherecht bekommen, da er vom Freistifter zum Leibrechter geworden ist.

Einem Getreidebuch des Klosters Seeon über Getreidelieferungen der Grunduntertanen in der Zeit von 1741 bis 1752[28] entnehmen wir, daß der Hilger im Jahre 1741 1 Garbe Weizen (eine Garbe hat eine vorgeschriebene Größe gehabt), 12 Garben Korn (Roggen), 2 Garben Hafer, 2/4 Garben Gerste, 2/4 Garben Erbsen direkt ans Kloster anliefern hat müssen. Linsen, Flachs und Rüben hat er in diesem Jahr nicht angebaut.

Bevor James Watt 1765 seine Dampfmaschine erbaute, Millionen Negersklaven nach Nordamerika verkauft wurden und Napoleon geboren wurde, hat ein Sohn Mathias Hilger am 30. Mai 1740 Elise Mitterwieser geheiratet[25].

In der Konskription oder Steuerbeschreibung von 1754[29] ist aber noch Simon Hilger erwähnt. Auf den zuvor genannten Mathias ist dessen Bruder Georg Hilger gefolgt und hat am 12. 2. 1770[25] Barbara Heinz von Edt geheiratet, ist aber schon am 19. 2. 1787 gestorben. Und damit stirbt das Geschlecht der Hilger auf dem Hilgerhof aus, hat aber dem zukünftigen Besitzer den Hofnamen landesüblich erhalten.

Anm. 25–29
siehe Seite 73

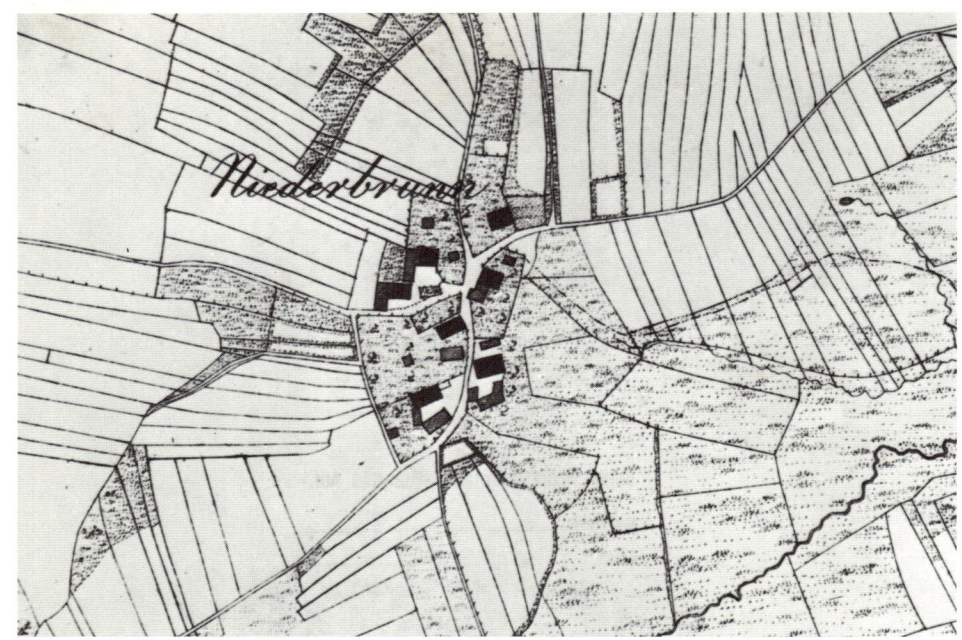

Der Herrgottswinkel mit seinem frühbarocken Kruzifix und dem alten wuchtigen alpenländischen Kreuztisch mit durchgehender Schublade ist Mittelpunkt der holzgedeckten Bauernstube.

Flurkarte
ca. 1815
(Staatsarchiv
München)

Laut Vertrag vom 23.4.1787[30] kommen Christoph Stemmer und Ehefrau Katharina Pointner auf den Hilgerhof. Das Gut umfaßte nach dem Häuser- und Rustikalsteuer-Kataster des Steuerdistrikts Eschenau von 1814[30] eine Gesamtfläche von 83,24 Tagwerk. Darunter waren 23,90 Tagwerk Äcker, 41,07 Tagwerk Wiesen, 17,20 Tagwerk Wald und 0,25 Tagwerk Ödung.

Die alte Flurkarte von ca. 1815[30a] von Niederbrunn beweist, daß der Hilgerhof noch ein Dreiseithof war. Um diese Zeit werden die Städte hell: London bekam die ersten Gas-Straßenlaternen; die Hauptstadt, deren Regierung erst 1819 die Fabrikarbeit für Kinder unter neun Jahren verbot. Kurz zuvor aber brachten in Amerika regelrechte Negerfarmen für Sklavenaufzucht Profit. Doch auch das Weihnachtslied »Stille Nacht« wurde der Welt damals geschenkt, nämlich 1817.

Am 1.10.1830 hat der 34jährige Sohn Christoph Stemmer das Anwesen übernommen. Im Grundsteuerkataster des Rentamts Trostberg, Steuergemeinde Pittenhart von 1858[31] ist der Besitzstand mit Angabe der Flurnamen

Anm. 30, 30a, 31
siehe Seite 73

Die meisterlich
geformten fei-
nen Empire-
kacheln umrah-
men das kunst-
voll im Holz-
kohlenfeuer
geschmiedete
Gitter der Feuer-
stelle in der
unteren Flöz.

Auf der Ofenbank sitzen und den Rücken gegen die alten handgeformten Gröninger Kacheln des Sesselofens (um 1800) drücken – das ist Lebensqualität!

der einzelnen Grundstücke genau aufgeführt und umfaßt die Gesamtfläche von 83,01 Tagwerk. Am 27.5.1865[32] übernahm der Sohn Michael Stemmer den Besitz, und am 17.7.1901 dessen Sohn Alois Stemmer mit angehender Ehefrau Therese Huber. Der Kaufwert wurde mit 14000 Mark angegeben.

Im 20. Jahrhundert folgen kurz nacheinander am 10.8.1907[33] Engelbert Danner durch Kauf des Gutes, am 25.10.1907 Maria Heigenmoser, am 20.1.1908 wiederum Engelbert Danner und am 11.4.1908 Johann Hans, der am 30.9.1925 seinem Sohn Ludwig Hans und dessen Ehefrau Maria übergibt. Ludwig Hans ist gleichzeitig Besitzer des Hauses Nr. 26 und hat im Jahre 1931 den Besitz Haus Nr. 28, den Hilgerhof, zu seinem Besitz Haus Nr. 26 transferiert. Maria Hans, geb. Höpfl, verkaufte am 1. Februar 1963 Haus Nr. 28, Hilgerhof, mit Wohnhaus, Stall, Stadel, Wagenremise, Maschinenhaus, Holzlege, Hühnerstall und Schafstall mit Heueinlage zu 0,1068 ha, Flur Nr. 1252 b, Gras-, Baum- und Wurzgarten zu 1,9679 ha an Tosso E. Herz, Direktor in München, den Verfasser dieses Buches.

Außer dem halb eingefallenen »Wohnhaus« war nichts mehr da. Aber so steht es halt in der Urkunde des Notars Hugo Widmann Urk. Rolle Nr. 190 W. Und der Kaufvertrag, daß ich das alles gekauft habe, was drin steht, wurde ja von allen unterschrieben, obwohl es gar nicht mehr da war.

Das wird halt so üblich sein, und am End gilt immer das Geschriebene. Was steht, das steht!

1) StAM Staatsarchiv München BrPr 848/32
2) StAM BrPr (Briefprotokolle) 849 1/2 /46
3) StAM BrPr 849 1/2 /55
4) J. Doll, Seeon, ein bayerisches Inselkloster, München 1912
5) AStAM KU Seeon (Allgemeines Staatsarchiv München, Klosterurkunden Seeon)
6) W. Hauthaler, Salzburger Urkundenbuch, Salzburg 1910, Bd. I, S. 82; Original im Haus-, Hof- und Staatsarchiv Wien, Handschrift R 41 fol. 15'
7) AStAM Kl. Seeon 12 (Gerichtsliterale Kling)

8) AStAM KL Seeon 18 (Klosterliterale Seeon)
9) AStAM GL Kling 7a
10) AStAM GL Kling 1
11) AStAM GL Kling 1
12) AStAM KL Seeon 18
13) AStAM GL Kling 2
14) StAM BrPr Faszikel 849 1/2 /55
15) AStAM KL Seeon 20
16) AStAM GL Kling 2
17) AStAM KL Seeon 26
18) AStAM GL Kling 3
19) AStAM GL Kling 4
20) StAM Steuerbuch 161a
21) AStAM KL Seeon 28

22) AStAM GL Kling 5
23) AStAM KL Seeon 38
24) AStAM KL Seeon 48
25) Pfarrarchiv Pittenhart
25a) StAM BrPr Fasz. 854 (Briefprotokolle, Faszikel)
26) AStAM KL Seeon 66
27) StAM Steuerbuch 162
28) AStAM KL Seeon 63
29) AStAM GL Kling 19
30) StAM Kataster Traunstein 11d
30a) LStAM Flurb. 2501
31) StAM Kat. Traunstein 38m
32) StAM Kat. Traunstein 38n
33) StAM Kat. Traunstein 38p

Der Experte

Da gibt's sehr gescheite Wissenschaftler, die werden weise den Kopf schütteln und ihren Zeigefinger erheben, wenn sie das meinige lesen und gar keinen Humor nicht haben. Gescheit sind diese Männer, aber auch sehr zu bedauern.

Diese armen Menschen freuen sich nur hämisch, wenn sie einen Fehler in den Aufzeichnungen ihrer Herren Kollegen und anderer Leute finden, die sich aus Freud am Schönen mit alten Sachen beschäftigen.

Ihre Sprache versteht eh nur die hochgeistige Prominenz, die man aber nicht bei der breiten interessierten Schicht von Kunst- und Heimatfreunden findet.

Die sehen bei einem schönen alten Kasten, bei einer Truhe, einem Heiligen oder Engel nicht etwa die Schönheit der Fassung und der Form, an der sich unsereins wie jeder ästhetisch empfindende Mensch mit einfältiger Freude und offenem Herzen ergötzt. Nein, die ziehen das Objekt nackert aus und betrachten es wie der hochgelehrte Medizin-Professor ein anatomisches Präparat. Die forschen nach Würmern, fahnden nach Holzschnitt, Rostbildung und Ursprung der Risse. Ihre Beschreibung ist ebenso nüchtern und gefühllos wie ein Stein in der Isar. Ob die an der Sach selbst eine Freud haben?

Aber gebraucht werden auch die, denn es gibt ja Sammler, denen am End die Expertise wichtiger ist als das Stück selber.

Ein Holzwurm lacht
und grinst und grunzt,
frißt er sich durch
ein Werk der Kunst

Der Holzwurm

Entdeckt der Sammler des Holzwurms Spuren, dann lacht sein Herz. Nur ein ganz blutiger Laie glaubt an die Mär, daß man Wurmlöcher mit der Schrotflinte einschießt. Der intelligente Wurm, der frißt sich aber nicht senkrecht ins Holz. Er krümmt sich, weil er ein Wurm ist, und er hinterläßt einen scharf gewundenen Kanal.

Statt des Schrotflinten-Kugelhagels ist es einfacher, billiger und »echter«, wirklich altes Holz von Abbruchstellen, Schiffsplanken oder auch Eisenbahnschwellen aufzukaufen.

Risse und Sprünge müssen nicht immer das Zeichen ehrbaren Alters sein. Die Rezepte für diese gehen von Grundlack, Ochsengalle und Reißlack über Gummiarabikum und Stärkegummi. Und sie richten sich nach der Fein- oder Grobheit der gewünschten und kalkulierbaren Rißbildung.

Grundrezept ist: Die aufgetragene neue Farbe muß gut abgetrocknet sein. Alles andere kann man getrost dem elektrischen Heizlüfter oder der Sonne überlassen. Das Craquelée wird je nach gewünschter Farbkomposition mit Erdfarben eingerieben, die man nach dem Abtrocknen von der Oberfläche entfernt. Die feinsten bis kaum sichtbaren Haar-Risse und ein feiner Firniß umgeben das Werk mit Zauber-Echtheit und Würde.

Die konsequente und »gewissenhafte« Veredlung geht weiter. Bei einem so alten Objekt müssen einige besonders gefährdete Stellen mindestens einmal repariert worden sein. Deshalb finden wir heut selten einen Heiligen, dem nicht zumindest die Hände oder Arme oder seine Attribute wieder angeleimt wurden.

Wir Sammler kennen das Leid, wenn wir ein wirklich altes Möbel in unsere mit trockener Zentralheizungsluft wohltemperierte Behausung stellen. Die Rißbildung kommt wie das Amen nach dem Vaterunser, wie Pfingsten nach Ostern.

Warum also sollte der Fälscher mit dem Vorschlaghammer arbeiten, wenn er es viel echter und einfacher haben kann. Den Dreh kennt er schon längst: Ein altes Stück, einige Tage in das dampfende Waschhaus und gleich drauf in die pralle Sonne oder in den Trockenofen stellen!

Wenn das nichts hilft – ein gekonnter Fenstersturz erzeugt den an der rechten Stelle erforderlichen Riß oder Bruch. Alles schön wieder zusammengeleimt, ein bißchen sichtbar darf es schon gemacht werden, beweist, daß sich da einer mit Mühe schon früher mal das Kunstwerk restaurierend erhalten wollte.

Wer dann die auf alt getrimmte Fassung an einigen Stellen noch beschmutzt, leicht lädiert, wieder reinigt und mühevoll wieder ausbessert, tropft schon von Ideen wie ein pritschnasses Handtuch und gehört bereits zu den großen Profis und Psychologen der Fälscher-Expertengilde.

Patina darf natürlich nicht groß sichtbar sein wegen des Erhaltungsgrades und des damit verbundenen späteren Kaufpreises. Aber Patina muß sein! Fein spürbar über dem ganzen Stück und genau an den richtigen Stellen verteilt, daß der »Kenner« sie bei genauer Untersuchung auch ja nicht übersieht.

Als Zugtiere wurden früher zumeist Ochsen verwendet, die ihre schwere Arbeit im Joch oder im Doppeljoch verrichteten. Hier verschiedene Joche und sogenannte Büffel (Stirnblattl).

Mähne und Schweif
der Rösser wurden mit
Pferdekämmen
gestriegelt, die ver-
ziert auch als Schmuck
des Zaumzeugs dien-
ten. Ebenso ist das
Kummet mit Messing-
zierat angereichert
worden.

Mit großer Liebe
wurde dieses Kummet
mit bayerischen Löwenköpfen
Ende des 16. Jahrhunderts
geschnitzt.

79

Die »Haberngoaß«, an der hier ein hölzernes Joch hängt, soll nach der Red' dazu gedient haben, unsittliche Weibsleut anzuprangern, denen man dieses Tiersymbol, den Geißbock also, zu Schand und Spott vor die Tür stellte. Unsittlich waren sämtliche ledigen oder auch verheirateten Frauenspersonen, die ein Gschpusi, einen Buhlen, hatten. Haberngoaßen wurden von den Dorfburschen damals selber gemacht. Wenn Brauch und Moral noch wie früher wären, tät sich heut eine Fabrik rentieren.

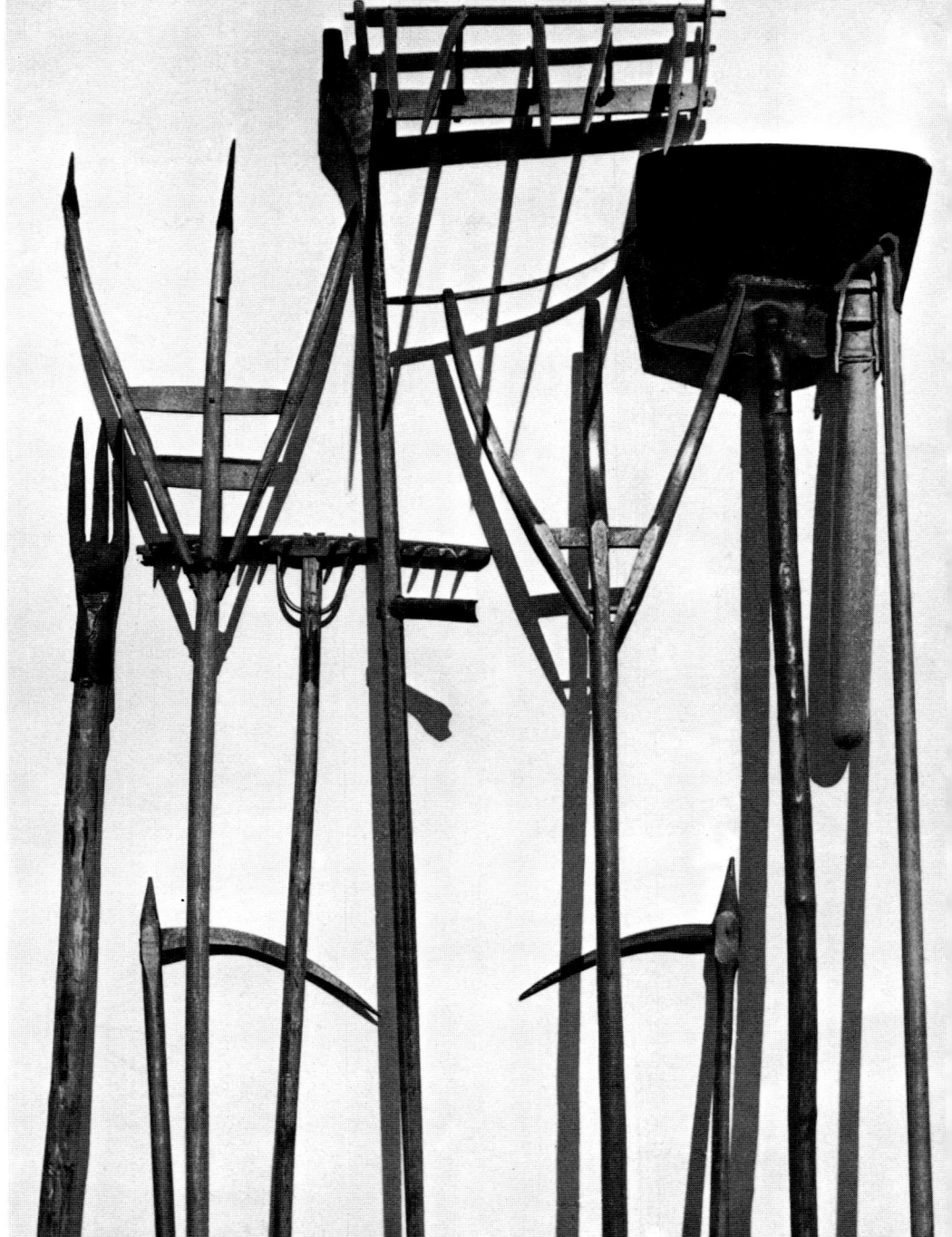

Neben allerlei hölzernem Gerät wie der großen dreizinkigen, mit Eisenspitzen bewehrten Heugabel, gehörten zur Arbeit auf dem Bauernhof unterschiedliche Rechen, Habernkrallen und Sensen mit Aufleger. Die Kornschaufel wurde noch handgeschmiedet und auch der Kappen-Dreschflegel war beste Handwerksarbeit.

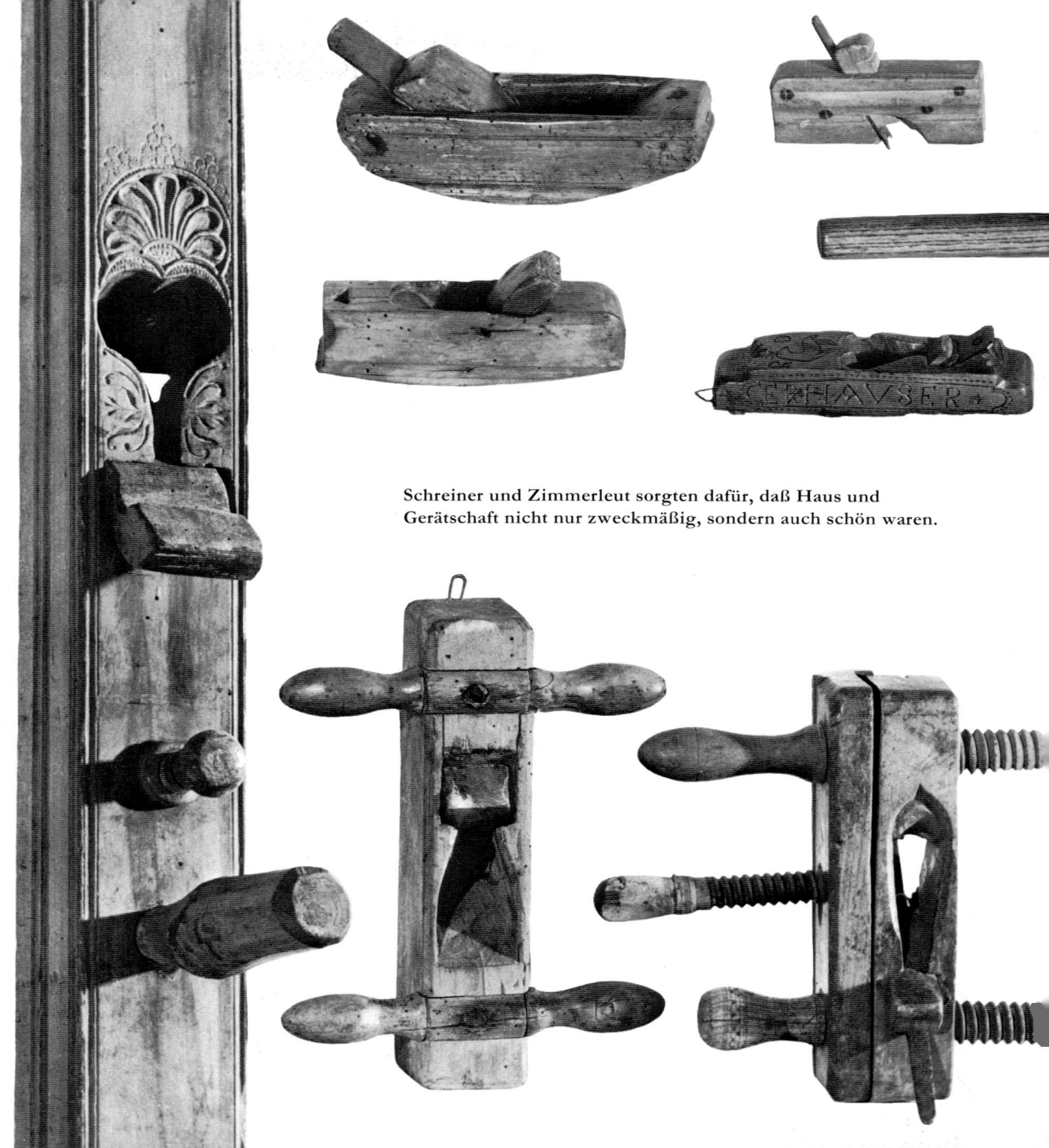

Schreiner und Zimmerleut sorgten dafür, daß Haus und
Gerätschaft nicht nur zweckmäßig, sondern auch schön waren.

Auch ihr eigenes Werkzeug wußten sie kunstvoll zu verzieren. Wenn der Winter recht lang war, wurde gar mancher zum Künstler und schnitzte die schönsten Füllungen.

Flachsschwert und -brecher, Flachsrocken und -haspel, Spinnradl und Bandlwebbretter gehörten ins Bauernhaus. Zwei Hilgergenerationen verdienten sogar ihr Zubrot als Leinenweber.

Denn jedmögliche Abnutzung verleiht dem Objekt erst Leben (und besonderen Wert), aber sie muß mit bescheidener Vornehmheit inszeniert werden.

Wenn du, ahnungsloser und gutgläubiger Sammler, die Ausstrahlung solcher Komposition in dein Herz dringen läßt, kommst du dir vor wie der Herrgott in Zivil, und in deinen Augen liest man die unbewußt strahlende Sonntagsfreude. Aber du selbst merkst nicht, daß dir in Wirklichkeit das Stroh aus den Schuhen schaut.

Die obersten Farbschichten werden nur da genau künstlich abgewetzt und abgerieben, wo sie üblicherweise dem Gebrauch des Putzlumpens oder der Hände ausgesetzt waren. Höherliegende Stellen werden besonders anfällig und deshalb sehr sorgfältig behandelt.

Fliegendreck vergißt der ehrgeizige Fälscher nie. Mit angeborener Vornehmheit und Eleganz klaut der dir so die Milch aus dem Tee. Es soll ja selbst für den Kenner immer schwieriger werden, ein Urteil zu fällen. Nur ein Wissenschaftler weiß, wie lange Fliegenkot braucht, sich durch Farbe und Grundierung durchzufressen.

Vorsichtige Spritzer mit Säure leisten hier gezielt ihr gutes Werk. Leicht gefirnißte Farbe auf eine Zahnbürste gebracht und mit dem Künstlerdaumen gefühlvoll im richtigen Abstand auf das Objekt abgeschossen, wirkt biologisch einleuchtend und erfreut des braven Sammlers Herz. Schon wieder ist in deinen Augen die schönste Kirchweih zu finden.

Die Antiquisierpeitsche, in den verschiedensten und fantasievollsten Ausführungen hergestellt, dient dazu, das alte Holz so lange zu malträtieren und zu schlagen, daß es nach Gebrauch, nach Benutzung ausschaut.

So sieht dieses Fälscherwerkzeug aus: An einem Bündel von Lederriemen oder feinen Stahlseilen werden die Enden mit Kugeln, Schraubenmuttern, umgebogenen Nägeln, Steinen oder anderen harten Gegenständen in verschiedenen Größen versehen. Sodann wird das Objekt der zukünftigen Sammlerträume wie ein Verurteilter in die Folterkammer geschleppt und so lange mit Hieben – leichteren, mittleren und stärkeren Grades – traktiert, bis das so gemarterte Stück in des Käufers Augen altehrwürdig genug erscheint.

Olympiareif sind aber nicht jene, die für ihre Kunst nicht nur echte alte Nägel sammeln, die Gebrauchsspuren mit Stahlwolle, Sand, Drahtbürste oder Hanfseil erzeugen, die Zeitungen oder Tapetenreste aus genau der richtigen Epoche auf die Rückseite von Spiegeln, Möbeln und Bildern kleben. Gefährlicher sogar für manchen Gutachter werden die ganz Gründlichen, deren Kunst so hehr ist, daß sie mit Stolz dem Blinden einen Spiegel schenken. In so manchen Museen können deren Schöpfungen mit ersten Expertisen bewundert werden.

Sie sind es, die beim mehrmaligen Grundieren und Farbauftragen zwischendurch kleine Wachsfilme auflegen, damit die nächstfolgende Fassung recht natürlich ausbricht; die es verstehen, die Originalpatina kunstvoll schon auf der Rückseite mit einem Spinngewebe haltbar zu versehen. Je nach Höhe ihres Objekts krönen sie das Werk durch Räuchern, und in ihrer Gewissenhaftigkeit lagern sie in ihren Materialkammern Staub aus jeder nur erdenklichen Epoche, um ihn zwecks der großen Vollendung exakt und gekonnt zuzuteilen.

Sollen wir ihnen den Titel Genie oder Schlawiner zuteilen? Das Urteil liegt beim gutmütigen Sammler und im guten Schlaf des Händlers.

Die Nepp-Experten unserer Industrie haben zum Beispiel für die Gebrauchtwagenhändler einen Spray entwickelt, der nach Leder und fabrikneuen Autos duftet. Auf Altertümer übertragen tun es hier die entsprechenden Lagerräume und »Duftkammern«, die mit bestimmten Hölzern, alten Lumpen und Papier, Teer oder Lavendel, je nach Geschmack, Herkunft oder Epoche, beheizt, bedampft und zum Qualmen gebracht werden. In diesem Gruselkabinett für Altertümer hat das Werk bald den erforderlichen Duft angenommen.

Hier noch der Bezugsquellen-Nachweis für den Staub aus den einzelnen Jahrhunderten: Er kann mühelos und genau schichtweise berechnet aus alten Dachstühlen, Kirchen und Klöstern entnommen werden, und dazu bestimmt noch kostenlos.

Das Altertumſammeln

    Mei, übers Altertümersammeln könnte man Bände schreiben. Altertümer kann man auf verschiedenste Weise zusammentragen. Beim Händler, beim Tandler, auf der Dult, auf dem Flohmarkt, beim Sammler. Am mühsamsten, unter Umständen am ergiebigsten, auf alle Fälle aber am originellsten und schönsten ist es direkt an der Quelle: Aus dem Nachlaß von Verblichenen, Erbschaft der ursprünglichen Erzeuger dieser Sachen, Bauers- und Handwerksleut.

    Vor den Sammler-Erfolg hat aber der liebe Gott den Schweiß gesetzt. Der kann dem Altertumsliebhaber schon reichlich ausbrechen, denn die Leut aufm Land sind mißtrauisch; und sie schämen sich, weil's droben auf dem Dachboden oft ausschaut wie in einer Abfallgrube. Denn dort hat man seit Generationen ohne viel Federlesens das ausrangierte Zeugs wahllos einfach

hinaufgeworfen. Viele wissen gar nicht, was sich eigentlich droben ange-
sammelt hat, und sie genieren sich schon ein bisserl wegen der Schlamperei.
Zum Umräumen haben sie keine Zeit und vielleicht auch keine Lust. Aber
wenn ein Fremder allein in dem Verhau schürfen wollte, könnte der doch
womöglich vom Großvater selig einen Strafbefehl aus dem Schubladl beför-
dern, und der geht nun wirklich niemand nix an.

Ich bin schon auf die raffiniertesten Ideen gekommen, um auf so einen
Dachboden hinaufsteigen zu dürfen. Früher hat man für ein Zehnerl von der
Bäuerin ein Glas Milli kaufen können. Das war kein schlechter Trick, und
man war wenigstens im Haus. Ein guter Ratsch über die letzte Wallfahrt
oder das schlechte Frühjahr hat das Eis leicht aufgetaut, das Vertrauen und
den Weg geebnet nach oben auf den Boden.

Ein ziemlich sicheres Anzeichen hab ich herausspekuliert, nach dem ich
einschätzen konnte, ob man im Haus fündig werden hat können. Wenn ich
von außen gesehen hab, daß das Haus noch sein altes Dach hatte, bestand
Hoffnung. Denn bei einer Neu-Eindeckung ist das alte Zeugs obligatorisch
hinuntergeschmissen worden.

Waren also die Anzeichen gut, hat man nur noch hoffen können, daß nicht
schon Zigeuner dagewesen waren, die für Bettwäsche, Gipsfiguren oder
wertlose Teppiche das alte G'raffel eingetauscht hatten. Dann aber, dann
kam man diesem unwiderstehlichen Duft von altem Holz, Moder, Schimmel
näher und näher.

Nur ein Gleichgesinnter kann die Andacht verstehen, mit der man so eine
Halle der Vergänglichkeit betritt.

Mei, wie ich so meinen ersten Nachtkastl-Leuchter gefunden hab, schön
biedermeierliches Messing, völlig oxydiert, bin ich bei dieser erfolgreichen
Anfänger-Exkursion gleich in helle Begeisterung ausgebrochen und hab der
Bäuerin von dem Stück vorgeschwärmt, das ich ihr unbedingt abspenstig
hab machen wollen. Das gute Weiberl war so mit natürlicher Schläue geseg-
net wie eine Häsin mit Fruchtbarkeit, daß sie mir meinen Überschwang gar
zu sehr an meinem Nasenspitzl angemerkt hat. »Wenn dir des gfallt, gfallt
uns des scho lang!« Aus war's für mich. Pfüat di, schöner Leuchter, oxydierst
halt weiter.

Der bäuerlichen
Frömmigkeit kamen
solche – zumeist in
Klosterzellen ent-
standenen – Ein-
gerichte entgegen.
Dieses dreidimen-
sionale Bildwerk
zeigt Putten über
dem Kruzifix, die
Heilige Barbara und
die Heilige Gertrud
aus bemaltem
Wachs. Am Kreuzes-
stamm Blatt-Flecht-
werk aus Menschen-
haar.

Tiefes religiöses
Empfinden spricht
aus diesem Schnitz-
werk eines Süd-
tiroler Meisters.
Mit hoher künstle-
rischer Qualität
wurde die Engels-
skulptur im frühen
Barock geschaffen.

Gottvater, die Welt-
kugel tragend, in
sehr kräftiger rot-
blauer Original-
fassung. Früh-
barock, etwa 1600,
vermutlich aus
Niederbayern.

Mit weltlich-fröhlicher Auffassung wurde diese Flügelputte im Spätbarock von einem bayerischen Bildhauer geschnitzt.

Der gute Hirte, in Mimik und Geste ca. 1760, gefertigt im donauländischen Raum.

In Oberschwaben entstanden diese beiden Bischöfe – St. Blasius rechts, St. Augustinus links – in der ersten Hälfte des 18. Jahrhunderts.

Diese Schaumonstranz aus vergoldetem Stroh und Maivasen mit Goldgespinst und Perlen schmückten zu Fronleichnam die Fenster.

Mein Jesus bist du da

Mit einem Goldbrokatmantel ist dieses
Biedermeier-Christkindl reich gekleidet.
In der Linken hält es die Weltkugel.

Wachsstöcke und Filigranrosenkränze
waren Sinnbild der Frömmigkeit.

Bäuerliches
Rokoko-
Kruzifix
mit Mutter
Gottes.

Votivgaben waren sicht-
barer Ausdruck dafür, daß
der Gläubige Trost in
seelischen oder körper-
lichen Nöten gefunden
hatte. Die Formen dieser
Gaben symbolisieren:
Das Anliegen war ein
krankes oder gebrochenes
Herz.

Eingericht mit ver-
goldeter Monstranz,
die eine Reliquie
enthält. Wie bei die-
sen Klosterarbeiten
üblich, wurden bunte
Perlen, Golddraht
und Glassteine als
Schmuck verwendet.

Von diesem Erlebnis an bin ich vorsichtiger gewesen. Und ich kann nur sagen: Zerbeiß dir deine Freud auf den Lippen, wennst was kaufen willst. Wenn du was gefunden hast, wirf einfach alles wahllos auf einen Haufen zusammen und dazu noch etwas Dreck drauf, ehvor den Bauern fragst, ob du dafür dem Pepperl oder dem Tonerl eine Tafel Schokolad geben darfst.

Wennst es richtig anstellst, erklärt der dich für spinnert, für so einen Schmarrn sogar noch was zu geben. Wenn du, lieber Sammlerfreund, das natürlich blöde G'schau dazu machst, nicht viel redst und recht einfältig tust, kannst es ruhig als Auszeichnung betrachten, wenn der Herr Ökonom mit dem Zeigefinger an sein Hirn hindeutet und dir zu verstehen gibt, daß du mit dem Glump abhauen sollst.

Sobald du aber siehst, daß er einen Diridari will, dann holst als gewitzter Raritätensucher bei Gott ned eppa die Brieftasche raus, sondern zahlst nur mit Hartgeld. Wenns ans Zahlen geht, ja nicht Papiergeld hinblattln, immer genug Hartgeld mitnehmen! Da bei dem Zeug, das der Bauer eh nicht braucht, kein fester Kurs besteht, macht man den Preis selber und bietet akkurat die Hälfte von dem, was man wirklich zahlen möcht. Beim Hartgeld ist's dann leichter, ein wengerl draufzugeben. Markl für Markl legst ihm auf den Tisch und vergißt keine Sekunde, daß jedes Markstückl arg druckt und recht schwer hergeht. Dies muß er merken! Dann aber die Handelschaft sofort perfekt machen. Schlecht ist's, wenn man das Zeugs nicht gleich mitnehmen kann. Es könnt nämlich leicht sein, daß jemand dazwischenkommt oder einer den Bauern sonst scheu macht. Am besten ist, gleich aufladen. Geht das wirklich nicht, weil der Kasten oder die Kommode zu groß ist, dann nimmst als kluger Sammler auf alle Fälle schon die Türl oder die Schubladen mit, weil er mit dem Rest dann eh nicht mehr viel anfangen kann.

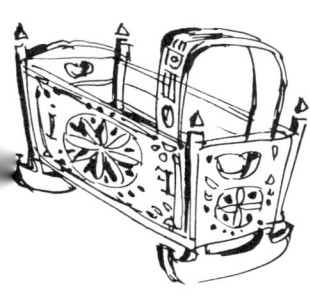

Was aber zum Haus gehört, das Kruzifix, ein alter Heiliger in der Nische, oder wenn die Möbel im Hof gut aufgestellt sind, die Bildl in Ehren gehalten werden, dann, lieber Freund, laß die Finger davon. Die Leut, das siehst dann schon, achten ihr Zeugs selber und brauchen keinen anderen dazu. Am schönsten ist es doch, wenn das alte Inventar im Haus selbst geehrt und erhalten wird. Also nicht haben wollen um des Besitzens willen, nicht kaufen um jeden Preis. Mach es getreulich wie die wenigen ehrlichen Händler auch:

Was man aus einem Haus raustut, nimmt man nur mit, wenn es beim Besitzer doch nicht geachtet wird, verkommt und zu einem anständigen Preis hergeht.

Bitter ist es schon, wenn manches schöne Stück auf andre Weise aus dem heimatlichen Gau bei einem Fremden landet, der damit nur protzen will oder gar ins Ausland verschwindet; wenns zu einem kommt, der nix versteht und nur alles haben möcht, weil's Mode ist und weil er vielleicht auch besser zahlen kann. Soweit der altertumsgierige Zugereiste in Bayern sitzen bleibt und das Zeugs nicht über die Donau hinauskommt, ist die Tragik nicht gar so groß. Es gibt ja auch Preußen, die mehr für die bayrische Kultur übrig haben als mancher Eingeborene, der schon mit der Lederhosen auf die Welt gekommen ist; solche, für die es die schlimmste Straf wär, wenn man ihnen den Trachtenanzug wegnehmen würde. Unter diesen findet man schon welche, die es wert sind, daß wir ihnen die Hand geben.

Aber weiter in der Instruktionsstunde für Leut, die gern was Schönes zusammentragen möchten. Freund, bewaffne dich mit einer Taschenlampe, schlupf in ein altes G'wand, und dann steig hinauf aufs Juhee. Sag nicht, wennst einen schönen alten Sekretär entdeckst, daß du ihn kaufen möchtest, sondern sag, daß dieses Schreibmöbel grad recht für deinen Buben wär. Schau dir die alten Kästen nach Geheimfächern, Fehlböden und versteckten Leisten genau an. Früher hat's keine Bank gegeben. Räuber, Krieg und Einbrecher sind durch die Lande gezogen, und die Vorfahren haben ihre Goldstückl und Taler für jene und selbst für die allernächsten Verwandten unsichtbar versteckt.

In einem alten Kanapee oder Polsterstuhl, in einem alten Wachsstock kann man noch Beweise dafür finden, daß die Leut früher auf dem Geldsack geschlafen haben, weil sie nie einer Regierung oder der Sparkasse getraut haben.

Hör auf, dich zu ärgern, wenn du in deinem Forscherdrang sehen mußt, daß der Besitzer von einem alten Hinterglasbild die Farbe abgekratzt hat, weil er grad irgendwo ein Stückl Glas gebraucht hat. Freu dich, wenn du ein Möbel entdeckst, das oftmals übermalt worden ist. Kratz ein bisserl dran, vielleicht kommt eine schöne alte Fassung raus, wenn du mit Gefühl und Verstand sowie den richtigen Mitteln die nachträglich drübergepinselte Malerei entfernst. Sie hat dann nur konservierend gewirkt und dir am End mehr Glück gebracht als ein Tototreffer.

Wenn man vom Nachbarn oder von der Verwandtschaft eine Empfehlung bekommt zum Kruschten auf dem Speicher, dann ist man bei dem Besuch nicht mehr so ganz ein Fremder.

So ein empfehlender Hinweis hat mich mal zu einem Austragsbauern in Fellnbach geführt. Der Mann war schon recht alt und hat um Zehne noch im Bett gelegen. Unter seiner Bettstatt hat ein Tragl Bier gestanden, weil ihm der Weg ins Wirtshaus schon zu weit gewesen ist. Aber seine lange Pfeifen hat ihm noch geschmeckt. Leider hat's mit den Ohren nimmer ganz gestimmt. Auf meine Frag, ob er so alte Sachen im Haus hätt, meinte er: »Ja, ja, der ältere, der bin i, nachad kummt mei Schwester und mei Schwägerin is aa scho achtasechzg.«

Der Koni von Obing

Mit seinem rechten Namen schreibt er sich Perl und ist eigentlich gelernter Buchdrucker und Schriftsetzer. Schweizerdegen heißt man das im Jargon der Gutenberg-Jünger. Aber der Koni hat einen kaputten Haxn, und durch den kann er seinen Beruf nimmer ausüben. Das Stehen ist nicht mehr gut gegangen.

Da hat ihm sein Doktor Luitpold Aubinger selig nach jahrelanger Krankheit den Rat gegeben, er soll einen anderen Beruf ergreifen. Der Koni hat angefangen, Alteisen zu sammeln. Und wieder ist's der Doktor gewesen, der ihn auf eine Idee gebracht hat. »Koni,« hat der zu ihm gesagt, »wannst jetzt sowieso bei de Bauern rumkommst, vielleicht kunnst ma amal a alte Truha aufspürn?«

Der Koni, eh nicht aufs Hirn gefallen, hat statt einer gleich zwei Truhen angebracht und ist auf den Geschmack gekommen. Daß der Ankauf von Altertümern um ein gewaltiges Trumm schöner ist als immer nur Umgang mit altem Eisen, hat er gleich gespannt. Außerdem bringt es auch mehr ein.

Eine gewisse Vorbildung hat er auch schon gehabt, der Koni. Sein Großvater ist bereits Antiquitätenhändler gewesen. Zu München. Und wenn der Koni in den Ferien beim Großvater gewesen ist, hat er mitdürfen auf Versteigerungen. Da hat er schon angefangen, sich ernsthaft mit alten Sachen zu beschäftigen. Von den Kanapees und Sesseln hat er fein säuberlich die Polster aufgerissen, damit alles schön neu bezogen hat werden können.

Die Goldstückln, die da seltnerweis in den Polstern versteckt und fest vernäht waren und die dem Koni bei seiner Aushilfsarbeit unversehens vor die Füß gefallen sind, hat er natürlich nicht dem Großvater abgeliefert, sondern dem Tandler von vis-a-vis verkauft. Mit diesem Verdienst hat er sich sein Steckerleis kaufen können.

Heut, wenn der Altertumstandler Perl zum Aufkaufen fährt und bei den Bauern ankommt, ist sei Red: »Grüaß God, mei Nam is Perl, und i bin vo

Obing. I kaaf alls, was es wegschmeißts. Flaschen, Keramik, bloß keine oiden Schuah; aber so a Glump, was am Dachbodn oben umanandliegt. I gib dir fünf Mark, wannst mi aufilaßt. Und wenn i was zum Kaafa find, ziahg i da's wieda oo.«

Die Bauern kennen ihn schon. Einer hat ihm mal geschrieben: »An den Antiquatitätenhändler Konrad Perl in Obing. Ich hätte einen alten Kasten abzugeben, weil ich mir einen neuen kaufen wil. Wen du Mir den alten Kasten abkaufst, lieber Antiquatitätenhändler, dann kaufe ich mir einen neuen Kasten. Bitte komm bei mir vorbei und schau dir den Kasten an.«

Der Koni ist dann hingefahren; wahrscheinlich ein bisserl zu spät, weil der Bauer schon einen neuen Kasten gehabt hat. In der Flöz draußt ist aber ein echter alter Irschenberger gestanden, und der Koni hat den Bauern ganz stad gefragt, ob das denn der alte Kasten wär. »Ja,« hat der Bauer gesagt, »des waar a, aber jetzt hob i halt schon an neia.« »Ah soo,« hat der Koni gesagt, »was hättst denn für den alten Kasten mögen?« Hat der Bauer gesagt: »Mei,« hat er gesagt, »wennst ma halt des geben datst, was der neie Kastn kost hot, so an die 120 Mark.«

Der Koni, das ist kein Hundling nicht, der macht nur ein reelles Geschäft. Und er hat ihm 150 Mark gegeben. Dafür hat aber der Bauer noch aufladen müssen.

Mitgefahren auf Einkaufstour bin ich mit dem Koni etliche Mal. Das war immer eine Hetz, wie der mit dene Bauern gehandelt hat. An einem Freitag um Neune haben wir uns beim Wirt zu Rabenden treffen wollen. Wer nicht da war, das war der Koni. Jetzt bin ich eigens von München rausgefahren, gut anderthalb Stund, und der Koni war nicht da.

Nach einer halben Stund hat's telefoniert, daß der Koni beim Zahnarzt ist und »a bisserl« später kommt. Das war so ungefähr nach zwei Stund, da ist er gekommen mit einem geschwollenen Backen und einem Röhrl voller Schmerztabletten. Zuerst hab ich ihm dann aus seinem Lager einen schweren alten Tisch um 80 Mark abgekauft. Dann sind wir losgefahren. Damit er gradaus schauen hat können, mußte er immer Zahnwehtabletten nehmen. Weil die so greislich bitter waren, hat er sie immer mit klarem, gut vierzig-prozentigem Enzian hinuntergespült. Und immer wieder hat er an seine

Backen hingelangt und »au weh« geschrien. Und immer nach jeder Tablette ein Maul voll Enzian. Zwanzig waren im Röhrl ...

Heut trinkt der Koni nimmer. Meiner Seel, aber damals ist er oft so voll gewesen wie ein Wagscheitl. Gesoffen hat der wie eine Kuh in der Sahara nach vier Tagen Wüstenmarsch. Ein lustiger Mensch ist er aber immer gewesen. Das hat aber für sein Geschäft nicht immer gut getan, wenn er zu wenig Blut im Alkohol hatte, denn in demselbigen Zustand hat er an die Leut aus lauter innerer Freud und Liebe zu den Menschen seine Ware oft halbert verschenkt.

Wie wir also damals zurückgekommen sind, hat er sein Wagerl vors Lager hingestellt, und wir sind reingegangen in die Wirtsstube, wo schon einige Händler gewartet haben. Solche, die dem Koni alles aus den Händen gerissen haben, was sie nur haben kriegen können, um es dann zu geschmalzenen Preisen z'München zu verkaufen. Ich hab inzwischen in der Kuchl beim Wirt Brotzeit gemacht, und nach einer halben Stund bin ich zum Koni zurückgegangen. Der wollte mir akkurat fünfunddreißig Mark in die Hand drücken und hat gesagt: »So Freind, jetzt ham ma a Gschäft gmacht. Den Tisch, den wo i dir heut für achzg Mark verkaaft hab, den hab i jetzt oam um 150 Mark odraaht. Des san siebzge mehra, hast mi? Fuchzg Prozent kriagst du davoo!«

Ja mei, der Koni war halt voll wie der Chiemsee nach der Schneeschmelze, und ich hab ihm zu verstehen gegeben, daß der Tisch mir gehört. Unser in der Früh getätigter Handel hat gegolten, hab ich ihm gesagt, und daß es so nicht geht, wie er sich das denkt.

Nachher hab ich dann schnell den Tisch in seinen Wagen eingeladen und wollt ihn zu mir auf den Hilgerhof fahren. Nach fünf Minuten, wo ich grad den Berg von Seeon nach Brunn rauffahre, ist der Wagen schon stehengeblieben. Der Benzintank ist leer gewesen. Das war vielleicht ein Gfrett, mitten in der Nacht, bis ich den Tisch auf dem Hof gehabt hab. Aber da steht er heut noch in der guten Stube, und jedes Mal, wenn ich den seh, dann muß ich an diese Zahnwehtour denken.

So manches, was zum Innenleben vom Hilgerhof gehört, hab ich vom Koni mit dem guten Spürsinn. Und deshalb mag ich ihn soviel gern, den Koni; auch deswegen, weil er ein grundehrlicher Tandler ist.

Einmal hat er einen Hinweis gekriegt, daß eine alte Mühle in Schützing bei Marktl am Inn verkauft werden soll. Die Bäuerin war gestorben. Was hat der Bauer allein mit dem großen Sach noch machen wollen.

Hingefahren ist der Koni mit seinem Eheweib Ilse. Zuerst hat er sich zuhinterst auf dem Dachboden umgeschaut. Da hat er eine alte Labeflasche aus dem 17. Jahrhundert entdeckt, so fein rauchfarben mit Zinnverschluß, und verschiedenes andres kleines Zeugs. Er hats dem Bauern runtergetragen und ihm blanke vierundzwanzig Mark in die Hand druckt.

Diese ungrade Zahl hat dem Bauern schon imponiert, weil er daran hat sehen können, der Perl versteht sich aufs Einschätzen von der Sach.

Derweil hat der Koni sich auch noch auf dem Dachboden vom Zuhäusl umgetan, ob was hergeht, und er hat auch noch ein paar Kleinigkeiten gefunden, die ihm der Bauer dann geschenkt hat.

Auf der Heimfahrt hat die Perlin ihrem Ehegespons dann erzählt, daß der Bauer, während der Koni oben im Zuhäusl war, ihr die 24 Mark wiedergegeben hat und dabei gesagt: »Du, Frau, göi, da dei der spinnt. Für des Graffe hat der mir glatt vierazwanzg Mark gebn. Geh, für des Glump ko i doch des net onehma. Geh her, steck des Geld wieder ei.«

Mich freut's, daß der Koni einer von den Händlern ist, die nicht unbedingt alles haben müssen. Er fragt immer erst, ob's der Bauer nicht selber behalten und herrichten mag. Und wenn der's herrichten will, dann zeigt er's ihm, wie's gemacht wird. Wenn sich aber der Bauer die Müh nicht machen will und an der Sach nicht hängt, dann beginnt das Händlerherz in ihm lebendig zu werden. Wer hätt was gegen diese Händlerschaft einzuwenden?

Ausrangiert, verachtet, heruntergekommen und zu un-
beachtetem Dasein unter Gerümpel verdammt – so fand
ich bei einem Bauern in der Umgebung von Bad Aibling
dieses Möbel.

Nach liebevoller und gewissenhafter Restaurierung
dient der feine Irschenberger Geschirrschrank in der
Hilgerhofstube wieder seinem ursprünglichen Zweck.

Dachbodenromantik ist ausgestorben. Nur wenigen Sammlern hat das Glück so gelacht, daß sie in ein solches Reich vordringen durften. Kaum ein Bauer öffnete dieses Traumziel leichten Herzens. Erinnerungen an Generationen, an die hinterste Verwandtschaft lagen hier aufeinander, zwischeneinander, übereinander. Spinnweben und Mäusedreck spannten das Netz der Vergangenheit verschwiegen darüber. Die Bauersfrau hat sich leicht geschämt »zwengs dem Verhau« da droben. Man könnte da ja gut alte Schulzeugnisse oder gar einen Arrestbefehl vom Ahn finden, der zweng dem Wildern im Wiederholungsfall gesessen ist. Und das, verstehst, geht halt niemand nix an.

Rechte Seite:
Die Auslese war oft eine rechte Freud für das Sammlerherz. Ebenso oft ist es vorgekommen, daß die Bauern mit dem Finger ans Hirnkastl getippt haben, wenn ich altes Hafnerzeugs, kaputte Spinnradln, Ochsenjoche, verbeulte Pfannen, Vogelkäfige oder gar alte Petroleumlampen mitgenommen hab, wo's doch jetzt ein elektrisches Licht gibt.

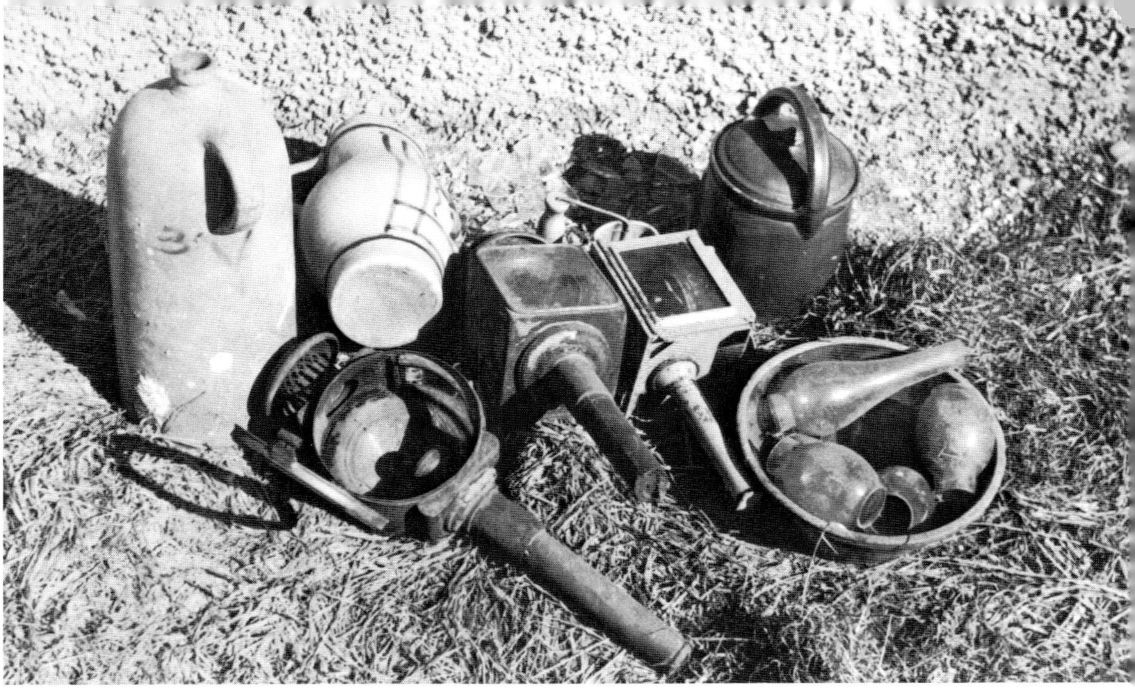

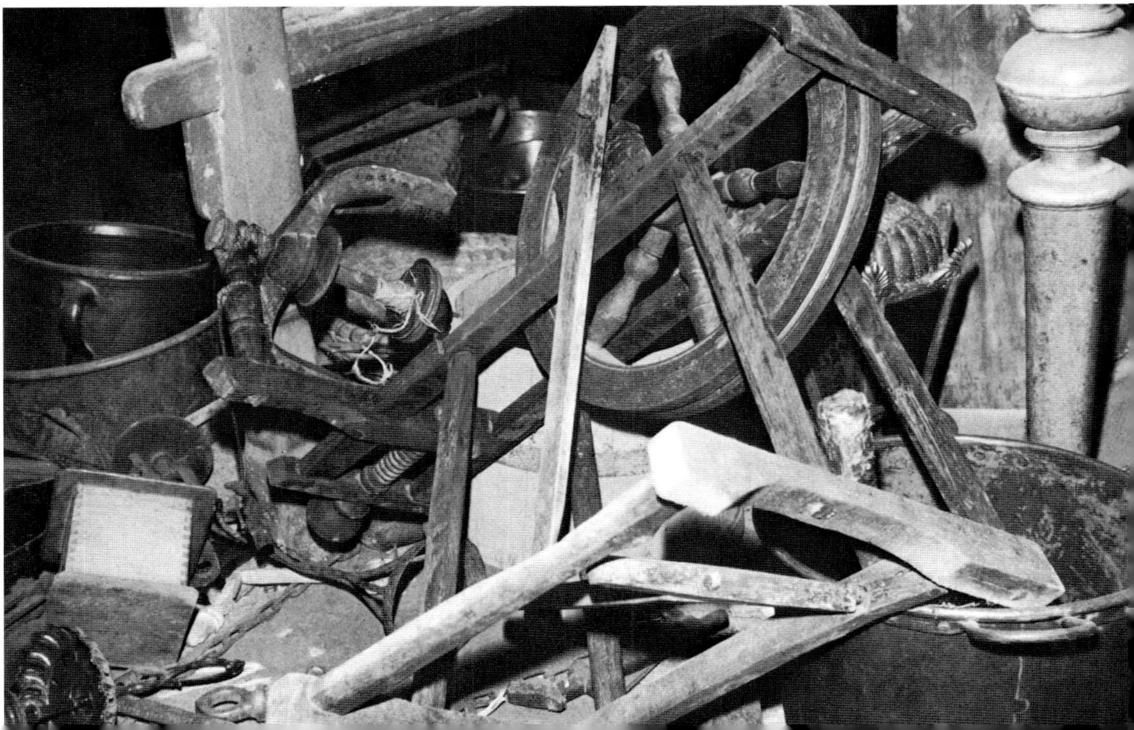

Das Glump

So mancher hat das alte Graffel nicht mehr sehen wollen. Da ihm diese Requisiten der Vergangenheit nicht ans Herz gewachsen sind, hat er kein großes Interesse gehabt, sie noch im Haus zu verwahren. Modern, modern sein, das ist die Mode, und warum soll man sich wegen dem alten Zeugs von den Nachbarn auslachen lassen?

Höchstens als kleine Rücksicht auf die Austragler, die noch an einigen Stücken hingen, da ließ man weniges in den Häusern an unwürdiger Stelle. Mancher von den Nachkommen verstand auch diesen traditionsbewußten familiären Anstand nicht mehr, und sobald sich eine passende Gelegenheit gab, hat man das schöne alte Gerümpel vom Dachboden heruntergeworfen. Diese Gelegenheit ist auf alle Fälle dagewesen, wenn das Dach neu gedeckt wurde. Dann hat man es in die Abfallgruben oder weit hinaus ins Moor gefahren oder den Wald damit verschandelt.

Die Bauern wußten zwar nicht, was Blasphemie heißt, aber manche hatten doch ein Gespür für die letzten Generationen, haben abergläubische Angst gehabt vorm Wegwerfen dieser schönen, unnützen, alten Dinge, und sie wollten sich auch nicht den Vorwurf der Vernichtung machen. Drum schleppten sie das Zeugs in die hinterste Ecke des Dachbodens. Da liegen dann die Attribute alter Tage als vage Erinnerung an die hinterste Verwandtschaft aufeinander, übereinander, umeinander.

Vom »Darmol-Leuchter« bis zum Zaumzeug, vom Gebetbuch der Ur-Ur-Urgroßmutter bis zum Rosenkranz vom ledig verstorbenen Großknecht reichte das Glump; Hinterglasbilder, alte wurmstichige Kästen, Zinnkannen, Weihwasserkessel und alte Lederhosen aus Reh-, Hirsch- oder Gamsleder, inzwischen hart geworden wie ein Bügelbrett, die der Sattler oder Säckler vom Nachbardorf noch genäht und schön mit feinen Mustern bestickt hat.

Auch altes Gwand und leinene Wäsch, noch selber gewebt und von der Stöhrschneiderin gemacht, liegen in der Truhe neben Versehzeug, alten Schulzeugnissen und dem mit bunten Aufklebebildern geschmückten Poesiealbum vom Ahnl.

Schicksale, Ereignisse, Andenken an Gutes und Böses, Erinnerungen vom Trachtenzug, vom Simmerl seiner Leich, von der Kreszenz ihrer Hochzeit und vom Benedikt seiner Tauf waren da. Vom Gauschießen und von der Fasnacht, von der Kommunion bis hin zum Gerichtsurteil gegen den Austragsbauern, dem sie wegen dem Wildern, und das zum wiederholten Male, sechs Monate schweren Kerker aufgebrummt haben, lagen die Dokumente herum. Und dazwischen unter- und übereinander die unnütz gewordenen Gewichte, alte Sensen und ein Morgenstern, eine versteckte Pistole aus dem Franzosenkrieg und eine Trommel von den Türken. Alles liegt friedlich und still beieinander. Geschichte und Geschichten auf kleinstem Raum verteilt.

Staub, Rost, Fledermauskötel und Spinnweben fassen das ganze zu einer staden Chronik der Vergänglichkeit zusammen, zu einer Chronik, in der die Hausbewohner sehr selten zu lesen verstehen und auch nicht lesen wollen, weil die neue Zeit dafür keine Zeit läßt und das Aufhalten mit diesem Studium auch keinen Profit brächte.

Das Briefschreiben

Hart ist's für abgeschundene Bauernhände, das Briefschreiben. Für mich aber war's oft eine rechte Freud, solche Briefe zu bekommen, und ich hab einen ganz schönen Packen Korrespondenz zusammengebracht, weil ich nämlich in der Altbayerischen Heimatpost und in verschiedenen Provinzzeitungen annoncierte: »Kaufe bäuerliche Altertümer«.

Vom geschnitzten Bauernschrank über die Kommode bis zum Himmelbett, Truhen und Hinterglasbilder, Heiligenfiguren aus Holz, Gebrauchsgegenstände aus Kupfer und Ton, altes Leinen – all das hab ich in meinen Zeitungsanzeigen gesucht.

Dann kamen die Briefe mit Angeboten. Aber ich hab viele Metzgerfahrten machen müssen, weil mancher Zeitungsleser gemeint hat, »alt« ist auch was, das er vor 20 Jahren gekauft hat und jetzt nicht mehr mag oder braucht.

Da kam ich auf die Idee, per Anzeigen nach mindestens 100 Jahre alten Kachelöfen zu suchen. Wenn so ein Ofen da war, hab ich mir gedacht, dann ist das Haus alt und die Chance größer, etwas wirklich altes zu finden.

Bis nach Niederbayern bin ich mal zu einem Bauern gefahren, weil der mir verschiedene Spinnräder, Dreschflegel und hölzerne Heugabeln sowie ein Hinterglasbild angeboten hat. Von der Tenne hab ich alles vors Haus schleppen müssen, und dann hat er mich mein Angebot machen lassen. Darauf nickte er anerkennend mit dem unrasierten Schädel und brummte: »Hm, hm, itzat kanntst eigentlich wieder fahrn. Itzat woaß i was mei Sach wert is.«

Ja, auf meinen Fahrten kreuz und quer durch Bayern, von Tirol bis zum Bayrischen Wald, vom tiefen Niederbayern bis nach Schwaben hab ich allerhand erleben können. Die langen Reisen haben mich durch Ortschaften und Weiler, in Märkte und auf Einödhöfe geführt, die ich sonst bestimmt nie in meinem Leben gesehen hätte.

Planmäßig hab ich natürlich vorgehen müssen. Deshalb hab ich die eingehenden Briefe erst nach geografischen Gesichtspunkten fein säuberlich geordnet, damit ich die Einkaufstour richtig vorbereiten konnte. Und danach sammelte ich die Episteln zu meinem ganz persönlichen Vergnügen, denn nach vielen Enttäuschungen hat man ja auch was Gspaßigs, was Köstliches und Besinnliches als Entschädigung haben müssen für später als Schmankerl zum Schmunzeln.

Hochwolgebohrener
Herr Direkter!

Ich Emerenzia Habersetzer
gebe Ihnen kund, daß ich
einen alden gewichsden
Kasten habe, den schon
unser verstorbener Lehrer
meiner sell. Mudder ab-
spenztig machen wolte,
aber nicht kriegte weil der
Kasten ser wertvoll sein
sol und der Lehrer ein
Bazi war.
Da ich bald zu meiner
Dochter ziehe darf ich den
Kasten nicht midnehmen
und muß mich von ihm
drenen. Es sind halt schon
die Würmer drinn, aber
dafür hat er ser heilige
Bilder und oben droben
feierlich ein geschnidtes
Auge Gottes.
Es grüßt auf baldigen
Bescheid
Ihre

Emerenzia Habersetzer.
4. Juni 1956.

117

Waging 12. Dezember 1961

Sehrr gehrter Geschäfdsmann,
du mußt kemmen zu mir weil ich
etwas häde. Ich häde eine schöne
alte Betladen mid eingrafierden
sehr wertvolen Teilen.
Aber die Brehder fehlen.
Seehr gehrter Geschäfdsmann
diese eingrafierden Teile sind aber
so schön und alt daß du Sie auch
so kaufen wirst auch ohne die
Brehder, denn diese Brehder
kannst du dir nachmanchen lassen,
am aller besten von einem
Schreiner.
Freundliche Grüße
            Anastasie Mühlpointner

118

Marquartstein 21. 2. 63

Nachdem ich gelesen habe das Sie allerhand
Altertum suchen gebe kund und zu wissen
was ich hab. Ein hölzerne Truhe die wo an
einem Eck ein bisl angefreßen ist fon einer
Maus aber sonst noch mit Hantgemalten
Farben schön geschmükt und dann sind
auch noch etliche Bilder mit gutem Glas
da und altes Geschirr auch.
Wenn das für Sie einen Wert hat zum Anschau-
en und Sie Inderresse haben so weit herzufahren
dann währs am Besten am Sonntag nach der Kirch
so um halb Elf da bin ich immer da Heim und
mein Ehemann beim Wirt weils den nix angeht
wenn ich des Zeug ferkaufe.

Hochachtungsvoll bittet um
Tischkretion
Ursula Schmaus

Marquartsstein 21. 2. 63

Nachdem ich gelesen habe das Sie allerhand Altertum suchen gebe kund und zu wissen was ich hab. Ein hölzerne Truhe die wo an einem Eck ein bisl angefreßen ist fon einer Maus aber sonst noch mit Hantgemalten Farben schön geschmükt und dann sind auch noch etliche Bilder mit gutem Glas da und altes Geschirr auch. Wenn das für Sie einen Wert hat zum Anschauen und Sie Inderrese haben so weit herzufahren dann währs am Besten am Sonntag nach der Kirch so um halb Elf da bin ich immer da Heim und mein Ehemann beim Wirt weils den nix angeht wenn ich des Zeug ferkaufe.

Hochachtungsvoll bittet um Tischkretion

Ursula Schmaus

1. 3. 1958

Werter Herr Herz!   1. 3. 1958

von meinem Nachbarn dem Nikolaus Xander wo Sie vor zwei Wochn ein kabutes Spinnrad
und einige Haferl gekauft haben habe ich ihre werthe Anschrift gekriegt und schreibe ihnen
hiermit diesen Brief indem ich dir midteile daß ich auch ein Spinnrad habe das aber nicht
kaput ist und mehrere echte geweihte Wachstöckl von meiner Großmutter. Wennst aber
kimmst derfst von den Wachsstöck nichts sagen wenns eppa andere Leut hören weil es eine
Sünd wär sowas zum verkaufen was geweiht is und das sölbe deshalb nicht billig hergeht.
Ich bitt also um sehr strenge Dischkretion wennst kimmst.
Pro Wachstock möcht ich mindestens eine Mark haben.   Vroni Leuttner.

120

Raiten 27 od. 22. 2. 1963

Habe in der Heimat-
zeitung gelesen daß Sie
altertühmer kaufen
täten und schreibe hier-
mit das Ich eine echte
alterdumbs-Pfeife
mein Eigen nenne die
mindestens 100 Jahre
alt ist und mein Groß-
vater (Gott hab Ihn
selig) noch geraucht
hat.
Schreiben müßten sie
mir bald ob sie diese
möchten weil Ich auch
ein Zimmer frei häde.
Flißwasser ist auf dem
Gang aber es hat einen
schönen Balkon mit
Bergsicht und kostet das
Bett nuhr 3 Mark.
Wenn sie sich end-
schlißen können hir
Urlaub zu machen könn-
ten sie die Pfeife gleich
besichtigen.
Gezeichnet
Maria Leifert

121

Die erste Einweih

Akkurat nur mit meinen Dorfbauern hab ich die erst' Einweih gehalten, also mit meinen engsten Nachbarsleuten. Mehr als an die fünfzehn Seelen gab's z'Brunn eh nicht. »Nach dem Stall« sind's rübergekommen zu mir, und es ist das erste Mal in der Geschichte gewesen, daß alle vom Dorf zur gleichen Zeit in einer Stube gehockt sind. Das ist schon historisch gewesen. Und wenn einer mit dem andern »übers Kreuz« gewesen ist, anmerken haben sie sich nichts lassen, aber gesoffen haben's wie durstige Keibin.

Der Irm hat mir dann erzählt: »Erst wollten wir dir's ja net sagn, sonst hättst während der Bauzeit nimmer weitergmacht. Aber woaßt, in dem Haus da, da spukt's. Da geht ein unruhiger Geist um. Hast da noch nie nix gmerkt?«

Die letzte »Hilgerin« ist nämlich eine Wittfrau gewesen und hat in diesem Stand noch ein Kind gekriegt. Das war zur nämlichen Zeit eine arg große Schand.

Die hat dann das Kindl eingefatscht, ist in einer nebligen Nacht ins Moos raus und hat's vergraben.

Nach einigen Wochen haben die Schandarm sie abgeholt. Und sie ist seitdem nimmer gekommen.

So hat der Niedermeierbauer, der sich mit dem richtigen Namen Hans schreibt, drum später das Hilger-Anwesen zwengs dem Grund gekauft, weil der ihm direkt vor der Nase liegt.

Der Wimmerbauer, der mit der schönen langen Nase, hat bei der Einweih ein Waschschaffl geholt, und ich hab meinen Kopf drüber halten müssen. Einen ganzen Keferloher voll Bier hat er mir über meinen Schädel gegossen und feierlich gesagt: »Du woaßt, wann oaner richtig herg'hört, muaß er aa den Hofnama onehma. I tauf di hiermit zum Hilger!«

Von diesem Zeitpunkt an ist er mein Taufpate.

Mei, war'n mir bsuffa. Und für'n andern Tag haben sich doch schon Zeitungsleut und der Lohmeier Schorsch vom Bayrischen Fernsehen angesagt gehabt. Mit einem ganzen Stab hat er anrücken wollen. Für den Ton haben sie Kabel legen wollen und an die Wände und Balken anschlagen, weil's mehrere Mikrofone brauchten. Und was vom Ausleuchten hat er gesagt, damit das Licht richtig kommt.

Dazu hat er das Elektrizitätswerk angerufen. Weil die in die Leitung nach Niederbrunn nicht so viele Volt schicken können, hat er neben dem Ü-Wagen einen Omnibus mit eigenem Generator anfordern müssen. Sonst hätt's sämtliche Sicherungen rausgehaut und eine Katastrophe gegeben. Und die weißblauen Fahnen hätt ich gleich in der Früh raushängen sollen, von wegen der Außenaufnahmen. Au weh, und ich hab so einen Suri gehabt!

Der Niedermeier Lug – ich glaub, dem habens den Enzian in seinen Bierkrug reingeschüttet, weil er so einen Fetzen-Rausch gehabt hat – der ist angezogen, wie er war, in seiner Wohnstube auf dem Fußboden eingeschlafen. Und eine Bäuerin hat sich gleich in ihrem Kuhstall aufs Stroh gelegt. Ihr Alter hat sie im Bett nicht sehr vermißt diesen Morgen.

Lustig war's, gesungen haben wir, Freund sind wir geworden. Gute Nachbarn hab ich, und eine Gaudi is's gewesen.

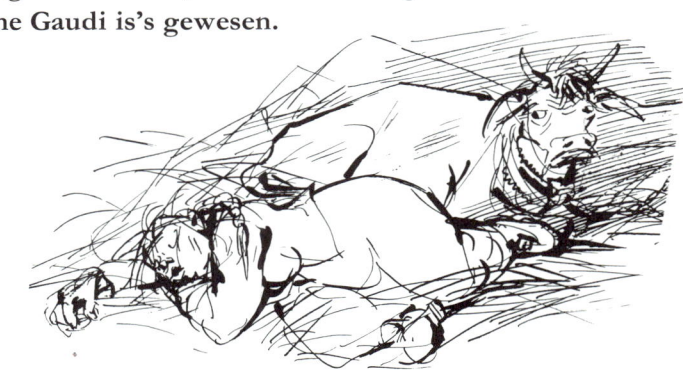

Eine Geldkatz

Ein lederner Bundgürtel mit formschöner Schnalle und oft reich mit Pfauenfederkielen fein bestickt, der enthält die Geldkatz. Stolz sind die Bauern auf dieses zur Volkstracht gehörige »Scheckbuch« gewesen. Die Geldkatz, das soll jeder wissen, ist nicht nur Zierde gewesen, sondern da haben die Mannerleut ihren Diridari, ihre Goldstückl und Münzen, drin aufbewahrt, wenn sie zum Viechhandel oder zum Markt gefahren sind.

Der ist dirm recht weit weg vom Hof gewesen, und nach dem Nachtmahl haben s' gleich auf der Wirtshausbank mit dem umgebundenen Ranzen geschlafen aus Angst vor die Zigeuner und andren Schlawinern, verstehst schon.

Daheim haben s' ja auch alles Geldige versteckt. Die raffiniertesten Geheimfächer in Kästen und Truhen und sogar in Betten beweisen es mit versteckten Leisten und Fehlböden. Der Geldstrumpf unter der Matratze war für's Geld da, das schnell mal gebraucht worden ist.

Wenn ein Krieg durchs Land zog, liest man in der Chronik, haben Landsknechte und Söldner die Bauern gefoltert. Die haben die ausgschamtesten Methoden erfunden, um ans Geld von einem Bauern zu kommen. Da haben sie ihn mit nackerten Füßen auf eine Bank gebunden und die Fußsohlen mit Salz eingerieben. Eine Ziege haben die Räubersleut dann geholt zum Ablecken der Fußsohlen. Es soll wenige gegeben haben, denen sie das Versteck nicht herausgekitzelt haben.

Arme Teufel sind das schon gewesen. Es hat halt zur nämlichen Zeit für den einfachen Menschen keine Bank oder Sparkasse gegeben. Ja, heut ist das zum Glück anders. Da gibt man seinen Zaster am Schalter ab, kann gut schlafen, muß sich nicht die Füße von einem stinkerten Ziegenbock abschlecken lassen, und Zinsen gibt's noch dazu.

In der Geldkatz, die ebenso wie der Bundgürtel reich mit Pfauenfederkielen bestickt war, trug der Bauer sein Bares sicher bei sich. Das Charivari, oft Zeichen seiner Wohlhabenheit, bestärkte klimpernd seinen Stolz.

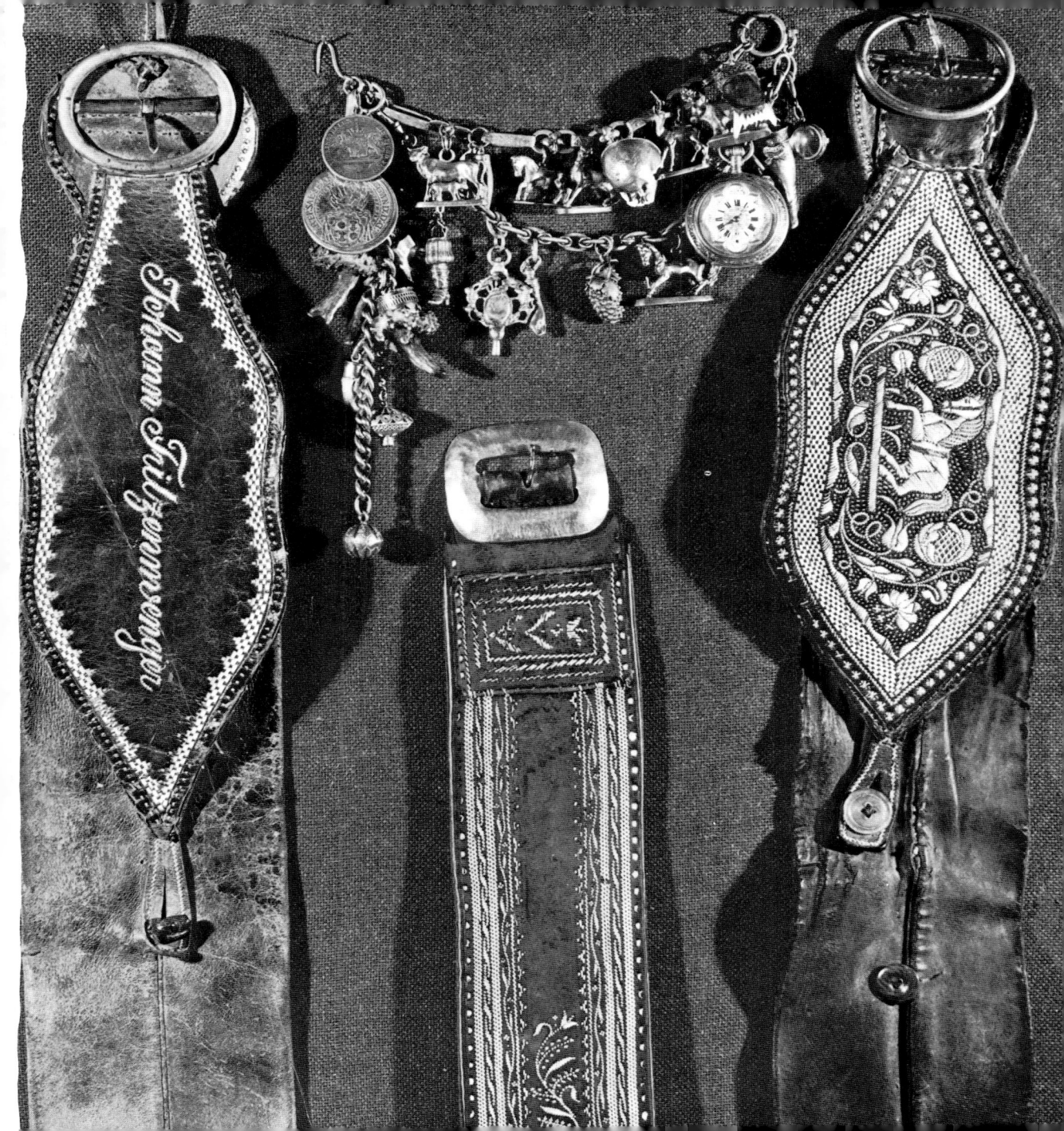

Das Puppenwagerl hat der Vater selber gemacht. Der Großvater schnitzte die Puppe, und die Mutter nähte das Gewand. Solche Geschenke kamen noch aus vollem Herzen. Und lange gehalten haben sie!

Das Herstellen und Bemalen von Spanschachteln hat nicht nur Spaß gemacht, sondern manchem Heimarbeiter im Berchtesgadener Land und im Tiroler Fleimstal Verdienst gebracht.

Hier
liegt mein Weib, Gott seis gedankt,
bis in das Grab hat sie gezankt.
Lauf lieber Leser,
schnell von hier
sonst steht sie auf
und zankt mit dir.

Der Boandlkramer

Er kommt oft recht unverhofft,
der Boandlkramer. Aber sogar das Sterben
ist in Altbayern früher nicht unbedingt eine
traurige Sach gewesen.

Ändern hat man sowieso nichts können. Und je mehr das bayerische Barock mit der Krönung des Rokoko geistige Fröhlichkeit in die Kirchen und Herzen der Gläubigen einließ, um so mehr hat die düstere und ausschließliche Grausamkeit und Trauer dem Sensenmann als einer volkstümlichen Figur weichen müssen.

Der Verstorbene hat schon zu Lebzeiten geschaut, daß der Totengräber eine gscheite Brotzeit bekommen hat, und nach dem Eingraben hat beim Unterwirt ein gscheiter Leichenschmaus stattfinden müssen. Nein, da hat man großen Wert drauf gelegt und wollt sich fei nix nachsagen lassen. Manch einer hat schon zu Lebzeiten bestimmt, wie der Schmied sein Grabkreuz machen soll und was für eine Schrift drauf kommt.

Andere, die haben fromm naiv den Text noch zu Lebzeiten angegeben. Bissig oder brav haben die Hinterbliebenen das draufgeschrieben, was bestimmt zu dem Verblichenen gepaßt hat.

Auf dem Hilgerhof werden zwei Grabkreuze aufbewahrt mit den Inschriften:

„Hier liegen meine Gebeine
ich wollt es wären deine"

„Hier liegt mein Weib, Gott sei's gedankt,
die ganze Zeit hat sie gezankt.
Lauf, lieber Leser, schnell von hier,
sonst steht sie auf und zankt mit dir".

Die Bettgeschichten

J

Bauernbettstatt mit Vermächtnis - Eine Komposition aus warmem braunen astreichem Fichtenholz und Schnitzmesser. Einfach in seiner Art, doch überschwenglich mit Schnitzereien eines ausgehenden Rokoko um 1804 versehen, hat es in einer gewissen Bescheidenheit erhaben in der Stube des Austraglers, nahe dem Waginger See, gestanden.

Das Bett hat für damalige Verhältnisse eine sehr ungewöhnliche Breite gehabt: über 130 cm. Und ich hab den Austragsbauern verstehen können, der mir nach acht Jahren Verhandlungszeit das Bett dann doch verkaufte, als er ins Altersheim hat müssen und der Hof zertrümmert wurde.

»Des is fei a große Ehr für di, daß du des Bett jetzt kriagst. Da warn scho ganz andere wie du scharf drauf gwe'n. Aber i hab net vergessn, daß i 's dir zugsagt hab, und drum konnst a's jetzt aa habn.

Aber oans muaß i da scho no sagn: I bin aa amoi a sauberer junger Bursch gwe'n. Verstehst mi scho. Was glaubst, was des Bett scho ois mitgmacht hat.

Irgend so a Lapp soll des Bett fei net kriang. Des muaßt ma scho no versprecha: Tua ma's ja schee in meim Sinn in Ehrn haltn.«

2

Gott sichet uns! – Ein Barockbett mit grün-blauem Hintergrund und marmoriert gefaßtem Randschnitzwerk mit blattvergoldetem Schnitzbeiwerk; gedrechselte und mit Laubwerk geschnittene Maivasen verzieren Vorder- und Rückwand.

Der gewölbte Vorderteil ist mit reichgeschnitzten und blattvergoldeten Leisten ausgelegt und die beiden Füllungen mit duftig gefaßten Blumenvasen dekoriert.

Der Bettaufsatz in Altarform wird beherrscht von dem vergoldeten, mit Strahlen bereicherten Auge Gottes. Unter diesem Auge Gottes ist in einer aufgemalten Bandschleife zu lesen »Gott sichet uns«.

Fruchtbarkeit, Wohlergehen und Glück sind gleichsam dem wachsamen Auge Gottes unterstellt. Also keine Dummheiten im Bett machen, der liebe Gott siehet alles!

Es ist ein ausgesprochen zweischläfriges Bett, ein Frauenbett also. Die Frau durfte je nach Gegend und Brauch nicht zum Mann ins Bett. Aber der Mann konnte zur Frau kommen. Außerdem hatte die Breite des Bettes – 1,20 m – den Zweck, daß die Mutter nach einer Niederkunft das Kind zum Stillen bequem ins Bett nehmen konnte.

3

Das Hochzeitsbett – Der Bettaufsatz, reichlich blattvergoldet, mit taubenblauen Vorhangteilchen unter der Schnecke, goldenen Quasten und Rosetten vor geschnitztem Gitterwerk, in reinster Rokokomanier, stammt aus der Werkstätte von François Cuvillies (23. 10. 1695 – 14. 4. 1768).

*

René Göring, der bekannte Schwabinger Restaurator aus der Giselastraße, hat diese Prunkspielwiese restauriert, worauf sie ihr stolzer Besitzer sodann mit einer gebührenden Schönheit einweihte.

Während der Einweihungszeremonie, o wie peinlich, krachte und brach dieses Gebilde von Gold und Seide zusammen. Mindestens 40 cm tiefer schimpfte der Gastgeber: »Dieser verdammte Göring!«

Auf gleicher Ebene ertönte die atemarme Mädchenstimme: »Aber bitte, laß doch jetzt die dumme Politik aus dem Spiel!«

*

Der bayerische Historiker und Schriftsteller Georg Lohmeier hat es sich einmal bei einer Fernseh-Aufzeichnung, in der dieses Paradebett vor der Kamera im richtigen Licht gezeigt wurde, nicht verkneifen können zu sagen: »Mei, Herr Herz, wann i dies scheene, prachtvolle Rokokobett siech, da lacht oam ja 's Herz. Is des eigentlich net schad, daß sowas a'm Jungg'selln ghört?«

Erst einige Tage nach der Sendung, wie der schwer bepackte Briefträger seine Haufen Post abgeladen hat, ist mir aufgegangen, was das Fernsehen mit seiner so großen Ausstrahlungskraft für ein gewaltiges Medium ist.

1 Bauernbettstatt mit Vermächtnis

2 Gott sichet uns

3 Das Hochzeitsbett

Zweitüriger Kleiderkasten
aus dem oberbayerischen Tölz.
1. Hälfte 19. Jahrhundert,
und Detail daraus.

Aus der oberösterreichi-
schen Nachbarschaft von
Tittmoning stammt der
liebevoll bemalte bäuer-
liche Kasten mit der
Jahreszahl 1811.

Rosen wie auf diesem
zweitürigen Kasten
sind ein typisches Mo-
tiv der Tölzer Bauern-
schrank-Malerei.
Leicht und silbrig wie
Christbaumkugeln
glänzt das »Katzensil-
ber« aus dem Bayeri-
schen Wald und aus
dem Böhmischen.
Gläser zum Verschen-
ken, für den Glas-
schrank und fürs
Versehbesteck.

Der Wachsstock

Als Dank fürs Bettmachen hat der Knecht früher der Magd einen Wachs-stock in seinem Bett versteckt. Das ist von jeher der Brauch an Lichtmeß gewesen.

Wenn die Magd aber das Wachsstöckl nicht hat finden können und ihre Enttäuschung darüber zeigte, hatte der Knecht Oberwasser. Denn der Wachsstock ist ja wirklich im Bett gewesen, und nun hat er mit Entrüstung sagen können: »Da kennt man's wieder, daß du mein Bett nicht gründlich machst.«

Aber nicht nur für diese Gelegenheit sind Wachsstöcke gekauft worden. Es hat sie im Kramerladen gegeben, doch hat man sie auch an den Standln in den Wallfahrtsorten oder auch beim Mesner kaufen können. Kunstvolle und einfache, mit bunten Bildern vom Jesulein in der Krippe, mit der heili-gen Jungfrau Maria, mit dem Lamm Gottes, aber auch Profanes mit roten Wachsherzen und Turteltauben drauf, bunt und goldfarbig mit Blumen und Engerln. Die sehr kunstvollen sind so voller Prunk gewesen, daß man sie über Generationen im Glasschrank aufbewahrt hat.

Der Wachsstock ist auch ein beliebtes Geschenk gewesen zur Tauf und zur Kommunion, für den Paten oder fürs Gschpusi. Er ist schön in einem Kar-ton verpackt gewesen, und auf der Innenseite vom Schachterl haben sich oft rührselige Widmungen gefunden.

Manche Wachsstöcke hat man angezündet, aber die ganz noblen, schönen und feierlichen, die waren einfach nur zum Anschauen und Freuen oder zum Andächtigwerden da. Die einfachen zum Anzünden sind in der kalten Kirch recht praktisch gewesen zum Händaufwarmen im Winter. Heut sind auch viele kleine Bauernkirchen schon beheizt, damit die Gläubigen oder die, die recht gläubig tun, ja auch hineingehen. Aber trotz Heizung gehen immer weniger in die Meß. Eine Predigt können sie auch im Radio hören, und da brauchen s' auch keine Wachsstöck mehr.

Die Beichtzettel-sammlerin

Die Wittib Josefa Guckmoser war allein im Haus.

Der Hof war schon längst an den Sohn übergeben. Wegen dem Ankauf von dem bunt emaillierten Küchenherd, der schon jahrelang im Schupfen dahinrostet, sollt ich schon mit dem Bauern selber reden. Übergeben ist übergeben.

Aber recht redselig ist die Alte gewesen und dankbar für jedes Gespräch. Im Alter ist der Mensch halt leider viel allein.

Drum hat sie sich sakrisch gefreut, daß ich mich in ihr Austragstüberl gesetzt hab. Und da ist mir natürlich sofort ihr Glaskasten aufgefallen. Mei, waren da schöne Sachen drin: Porzellanteller und Biedermeiertassen mit den Aufschriften »Pathengeschenk«, »Zum steten Andenken«, »Aus Liebe«, »Zur Erinnerung« wurden da in Ehren gehalten. »Trinke alle Morgen Kaffee ohne Sorgen« war auf einer goldverzierten Kaffeetasse zu lesen. Kommunionkerzen, Gewürzsträußerl und Filigran-Rosenkränze mit emaillierten Kreuzen, eine goldgestickte Rieglhaube, Wallfahrtsandenken und ein schöner, farbig bemalter Bierkrug »In Treue fest« vom Girgl, ihrem verstorbenen Mann, füllten als festgehaltene Ereignisse ihres Lebens diesen Glaskasten wie ein sichtbares Tagebuch.

Ein ganzes Bündel alter Beichtzettel hat sie hervorgeholt, die fein säuberlich und schön der Reihe nach – nach der Zeit, versteht sich – geordnet waren.

Sie hat halt in einer Pfarre gelebt und gebeichtet, wo man die Beichtzettel hat behalten dürfen. Es hat aber auch den Brauch gegeben, daß der Hochwürden per Kirchenanschlag und in der Predigt bekanntgab, daß er zu der und der Zeit durch die Gemeinde gehen wird und die Beichtzettel, die er bei der Osterbeicht als Quittung ausgehändigt hat, wieder einsammelt.

Das hat auch einen sehr nahrhaften Grund gehabt: Für jeden Beichtzettel hat er je nach Möglichkeit Eier, Rauchfleisch oder etwas andres Eßbares von seinen Gläubigen bekommen. Zudem hat er eine Kontrolle gehabt, ob seine Schäflein wirklich vollzählig zur Beicht gekommen sind. Da hat es sich dann ganz genau erwiesen, wenn etwa in einer Familie sieben Seelen waren und er nur fünf Beichtzettel eingesammelt hat, daß zwei nicht bei der Beicht waren und sich immer noch mit ihren Sünden abschleppten.

Bei der Guckmoser Josefa war das anders. Ein ganzes Bündel alter, zum Teil bunt bedruckter und mit Bibelsprüchen versehener Beichtzettel behütete sie. Aber:

»Mei, a Bedrängnis is des für mi«, hat sie gesagt. »Oa Beichtzettel, woaßt, der fehlt mir halt. Mei ganz Lebn lang kann i nachweisn, daß i zur Osterbeicht gangen bin. Aber Anno Neinzehnhundertdreißge hab i an Beichtzettel verlorn. Hätt i's nur glei gspannt, na waar i nochmals zum Beichtn ganga. Aber i hab's ned gspannt damals. Ob die da drobn im Himmi aa wissn, daß i damals zur Beicht ganga bin? Hoffentlich habn de da koane Schlamperei und ham's registriert. Denn sunst war's ja a Todsünd, wenn i des net nachweisn kannt und kamat 'leicht ins Fegfeier. Lang hab i unruhige Nächt ghabt. Wann i da net schlafn hab könna, hab i allweil an den Beichtzettel denka müassn, der nimmer da is. Aber dann, mit der Zeit, da hab i halt glaabt, daß es aa sündhaft war, wann i annehma dat, daß die im Himmel eine Schlamperei habn. Na ja, jetzt wer i achtasiebzg, recht lang wer' i's eh nimma macha. Na wird sich's schon aufweisn.«

Die Nachbarn

Der Kontakt mit den Nachbarn ist grundwichtig. Haustürklingeln wie in der Stadt sind hier nicht bodenständig, und die Türen sind nach altem Brauch offen. Aber glaub nicht, daß es leicht ist, beim Nachbarn zum Fenster reinschauen zu können. Auch brauchst nicht zu glauben, daß der vielleicht nicht hinterm Vorhang rausschaut, wenn bei dir was passiert.

Manch Stadterer glaubt, daß grad der Bauer das schönste Leben auf der Welt hat. Der braucht nur zu schlachten und hat sein billiges Fleisch. In der Früh ist auf alle Fälle eine frische Milli da, und weit braucht er nicht zu gehen, dann hat er legfrische Eier, einen Käs, einen Butter, schön kühl gelagert, und im Garten draußt, da wachsen nicht nur Radi, sondern Kohlrabi und Schnittlauch, Bohnen und Sellerie, Zwiebeln, Gelbe Ruabn und Kartoffeln.

Die Leut von der Stadt glauben oft, das wächst alles von allein, da braucht nix gemacht zu werden. Vom Fleiß zu dem Preis bemühen die sich gar nicht, eine Ahnung zu bekommen.

Mit dem Diridari, also mit dem Geld, kann man hier nicht alles kaufen. Nachbarliche Hilfe, wenn's gilt, wirkliche Hilfe – nicht solche mit einem Scheck! – die zählt was. Ein guter Rat ist mehr wert als ein saftiges Trinkgeld.

Wennst so eine Hütten kaufst, bist immer erst du angewiesen auf die Nachbarn. Die können sich allein auch helfen. Aber wenn der Nachbar spürt, daß d' mehr bist als ein Scheckbuchinhaber und ihm einen Hinweis gibst, wenn sich vielleicht eine Kuh verlaufen hat oder wie er's machen könnt, ein bisserl weniger Abgaben und Steuern zu zahlen, oder wennst ihn bei irgend einem Vertrag nützlich berätst, das wär schon was.

Vielleicht holt er dich dann gar mal, wenn im Stall eine Not ist und er einen braucht zum Kaibi-Rausziehen. Wenn dir diese Ehre geschieht, dann bist schon einen Schritt weiter. Und wird dir der Bescheid gegeben, daß du mal zum Stammtisch ins Wirtshaus oder zum Eisstockschießen kommen sollst, darfst ja nicht auffallen. Klar mußt ein paar Maß springen lassen, aber ja nicht zu protzig!

Angleichen mußt dich halt. Wennst nur die Kirch von außen, die Wirtschaft von innen und die Madln von unten anschaust!

Wenn dem Nachbarn sein Hund nimmer kläfft, wennst vorbeigehst, dann hat dich der schon in seiner gutmütigen Witterung. Wennst aber als Zugereister in eine echte, intime Bauernfete eingeladen wirst, dann heißt das, daß du einer von ihnen bist.

Dann erlebst du einen historischen Breughel.

Wenn da aber einer nicht ins Dorf reinpaßt, dann muß er sich, obgleich er von Hunderten von Kühen umgeben ist, seine Milli von der Stadt selber mitbringen.

Es hat nicht gar so lang gedauert, bis eine Nachbarin zu meiner Hauserin gesagt hat:

»Irgendwiea hamma 's net ganz glaubn kenna, daß des a Guat duat, wann a so a feiner Stadterer und no dazua a so a gscheita Direkta zu uns herziagt.

Aber wia ma den so as erste Mal mit am richtigen Arbatsgwand im greßtn Dreek auf da Baustell umanandsteign ham gsehng, hab i zu meim Moo gsagt: Der, moan i, paßt scho her zu uns. Und aa d'Maurer ham gmoant: Wia der uns zammscheißt, da is unsa Polier direkt a Lampal dagehng.«

Fernseher und Telefon hat's in Niederbrunn noch nicht gegeben, und wenn einer hat telefonieren wollen, so hat er nach Oberbrunn rauf müssen. Da ist es besonders hoch anzurechnen, wenn eine abgearbeitete und auf d'Nacht bestimmt müde Bäuerin in der Finsternis noch nach Oberbrunn läuft, um mich in München anzutelefonieren. Sie hat mich eingeladen, an der morgigen Kommunionfeier von ihrem Buben teilzunehmen, und ich hab ihr erklären müssen, daß ich wegen einer geschäftlichen Reise überhaupt nicht

nach Niederbrunn hab kommen können. Dafür hat sie aber kein Verständnis gehabt. »Des derfst ma net odoa, du muaß einfach kemma, de andern Bauern, de kemmen aa.«

Eine große Ehr ist's gewesen, daß zur Einstandsfeier auch der Herr Landrat persönlich gekommen ist. Er hatte seine Frau und eine kleine Tochter dabei, die wo noch ein Baby war, ein ganz ein kleines Butzerl halt. Die hat er im Auto mitgebracht und gesagt, daß er nur schnell auf einen Sprung reinschauen könnt, für die Red, weil er für's Deandl niemand zum Aufpassen hätt.

Da hab ich dem Landrat angeboten, sein Töchterl inzwischen zu mir ins Bett reinzulegen.

Während der Begrüßungsred hab ich mich herzlich bedankt, daß sie alle gekommen sind, und wie schnell ich bei den Menschen im Chiemgau aufgenommen worden bin. Da hab ich es mir nicht verkneifen können zu sagen: »Schauts, liebe Leut, so schlimm is des gar ned, hier schnell Kontakt mit den Einheimischen zu bekommen. Vor einer Stund hab ich Euren hochgeschätzten Herrn Landrat erst kennenglernt, und ihr werd's mir ned glaabn, sei Tochter liegt inzwischen scho bei mir im Bett.«

Einen Dackel und eine Katz brauche ich mir nicht selber zu halten. Die kommen von den Nachbarn zu mir. Die Hexi, ein Langhaardackel vom Niedermeier Lug, wittert mich schon durchs Auto, wenn ich komme. Ein lustig's Viech ist dieses langhaarige Dackelweiberl. Sobald die mich sieht, legt sie sich auf den Rücken. Ich glaub fast, ich glaub fast, die will was von mir.

Der Bräu

Meine Großmutter hat meinem Vater schon als Kind ein Bier in das Milliflascherl getan, damit er das Schreien aufhört. Gut ist's für alle gewesen.

Ein gestandenes Mannsbild ist mein Herr Vater geworden. Wenn's Bier bei uns ausgegangen ist, war das schlimmer, wie wenn kein Salz mehr im Haus war.

Bier ist in Bayern schon von jeher ein Politikum gewesen. Ja, sogar Revolutionen hat es deswegen schon gegeben.

Unsere Bierwährung ist volkstümlich! Wenn während der Opferung bei der Sonntagsmesse der Mesner mit dem Klingelbeutel durch die Kirch zum Betteln gegangen ist und den Herrn Bräu erspäht hat, dann hat er sich schon eins gegrinst, weil er genau gewußt hat, daß der kein Geldstückl reinwirft, sondern nobel ein Bierzeichen fallen läßt. Ist kein Wunder, da hat sich der Mesner gefreut.

Das Wirtshaus und die Kirche stehen nebeneinander und sind ein gewachsenes Forum. Der Mensch glaubt an seinen Herrgott und vertraut auf den reinen Saft von seinem Bräu.

Beim Wirt werden nicht nur Geschäfte gemacht. Manch einer erholt sich von der Mühsal des Tages oder auch von seiner Alten.

Ob bei der Handelsschaft, zur Versöhnung, aus Lebensfreud oder Sinnenlust – es gibt zwischen unserem weißblauen Himmel und unserer altbayerischen Erde Dinge, die kann selbst ein gefühlsarmer Mensch nicht mit Geld bezahlen. Ohne Bier geht da gar nix! Ist kein Wunder, da freut sich der Bräu.

Das Derblecken

Die Nachbarn sind Hund', ich auch. Derblecken tun uns wir, wo's grad geht, und wenn der eine dem andern einen Gspaß antun kann, dann hat er eine narrische Freud.

Gefallen darf man sich nichts lassen. Sonst ist man verratzt. Aber mit Gspaß geht alles besser. Bei uns in Bayern geht der oft recht weit. Das geht beim Maibaumstehlen an und hört damit noch nicht auf, daß einem während seiner Abwesenheit ein ganzes Fuder Heu mitsamt dem Wagen aufs Dach transportiert wird.

Rausgeben muß man da schon können, sonst ist man unten durch. Und wer eine beleidigte Leberwurst ist, der hat den Grant ums Haus.

Mir haben s' einmal ein frisch angeliefertes Fassl Bier gestohlen, aber wegen so einem Mundraub darf man hierzulande keinen Kriminaler holen.

Meinem Nachbarn haben wir mal nachts auf die Rückseite seines Odelwagens schön groß mit Ölfarb 4711 drauf gemalt.

Was ein echter Schwammerlsucher ist – und das ist gar nichts Neues – der verrät eher die Schlafstätte seiner Alten, als einen guten Schwammerlplatz.

Bei uns in Niederbrunn ist ein Bauer, der Schwammerl sucht, und dieser heißt mit Hausnamen Wimmer Sepp. Oft hab ich den Wimmer schon gebeten, er soll mir in der Gegend mal ein paar Plätze zeigen. Gegrinst hat er, hinterfotzig bis hinter die Ohren, aber gesagt und gezeigt hat er nix.

An einem Freitagvormittag bin ich von München auf den Hilgerhof hinausgefahren und hab dazwischen noch eine geschäftliche Besprechung in der Großmarkthalle gehabt.

Dabei hat mir ein Gemüsetandler ein ganzes Körberl voll Steinpilz odraaht. Ich hab mir denkt, na ja, fahrst sowieso auf den Hof naus und hast Gäst zum Schwammerlessen eingeladen. Wennst vielleicht grad keine findst, hab ich gedacht, dann kannst dich nicht blamieren und hast welche.

Aber schon auf der Anfahrt ist mir ein hintergründiger Gedanke gekommen, »Zefix alleluja, dem wisch i eins aus«.

Ich hab dann, wie ich angekommen bin, meinen Wagen in die Garage gestellt, hab mein in der Gegend allseits bekanntes Schwammerlkörberl und meinen Hacklstecken genommen und mich ins Holz hinausgedrückt. Gefunden hab ich dann schon was, aber nicht recht viel, weils lang nicht geregnet hat. Wieder zurück in der Garage hab ich die mitgebrachten Steinpilz genommen und auf die anderen paar Schwammerl draufgeschüttet. Dann bin ich nüber zum Wimmer, der mit dem Nachbarn bei einem Dischkurs gestanden ist. Dem hab ich's dann recht scheinheilig gezeigt und gefragt: »Wimmer, kannst mir vielleicht sagn, was des für Schwammerl san?« Er: »Kruzitürkn, des san ja lauter Stoapuizl; wo hast denn de her?«

»Du bist ja guat, wia konnst du mi sowas fragn, wie oft hab i di scho bettlt, daß d' mir a paar Schwammerlplatz zoagst, aber doo host as net.«

»Woaßt was, mir macha jetzt was aus: I zoag dir glei a paar Schwammerlplatz von mir, und wenn ma zruck kemma, varatst uns, wost du de dein' Schwammerl her hast.«

Dann hat mir der Wimmer die Hand hingehalten und ich hab einschlagen müssen. Nun ja, ich hab es getan und bin auf dem Rücksitz von seinem Moped schnell mit ihm in den Wald hinausgefahren, wo er mir ein paar Schwammerlplätz gezeigt hat. Und dann sind wir wieder zurück zum Nachbarn, der schon ganz neugierig gewartet hat.

»Na,« hat der Wimmer gesagt, »sagst ma's jetzt, wost du de vuin Stoapuizl her hast.«

»Ja, Wimmer, des is ganz einfach: I wui's dir ehrlich sagn. Versprocha is versprocha. I bin heit in der Früah z'Minga in der Großmarkthalle gwe'n und da hab i's kaaft.«

Der Wimmer hat mich alles mögliche geheißen, bloß nichts Gscheits. Aber bös hat er mir ja nicht sein können, denn abgemacht war abgemacht. Zu seiner Rechtfertigung muß ich nur noch sagen, ich glaub, der hat's faustdick hinter den Ohren, der Wimmer. Oft genug bin ich an seinen Schwammerlplätzen gewesen, die er mir gezeigt hat.
Aber ich hab nie einen einzigen
Schwammerl dort gefunden.

Das Telefon

Im ganzen Ort hat's kein Telefon gegeben. Wenn die Bauern einen Doktor oder die Feuerwehr gebraucht haben, dann mußten sie schon nach Oberbrunn zum Telefonieren fahren oder laufen.

Mein förmlicher Antrag zur Einrichtung eines Telefons ist natürlich vom Fernsprechamt abgelehnt worden. Eigentlich bin ich gar nicht so traurig deswegen gewesen, denn ich hab ja hier in diesem Refugium meine königlich bayrische Ruh haben wollen und mir nicht die stillen Stunden durch Telefonklingeln verschrecken lassen.

Noch dazu, wo die verschiedenen Geschäftsleut und Handwerksbetriebe in der ganzen Gegend telefonisch überhaupt gar nie zu erreichen waren. Zwar, das Telefon wär für diese Leut schon wichtig gewesen, aber wenn man sie gefragt hat »Wollen Sie sich denn keins einrichten lassen?«, dann war die Antwort: »Ja, a Telefon waar scho ganz praktisch, aber woaßt: De meistn datn mi dann z'Mittag oder auf d'Nacht oruaffa, wanns mit da Arbat fertig san und i mei Ruah mecht. Da wurad i gifti.«

Später ging's halt bei mir nicht mehr recht so ganz ohne Telefon. Ich hätte halt doch öfters mal auf mein Höfei fahren können, wenn ich von meiner Kanzlei aus z'München in dringenden Fällen zu erreichen gewesen wär.

Bei einem gelegentlichen Umtrunk hab ich dem Herrn Landrat, der mich nach meiner Telefonnummer fragte, erzählt, daß ich demnächst einen Artikel für die Zeitung schreiben werde »Ein Dorf ohne Telefon«.

Es hätten sehr viele Masten gesetzt werden müssen, um in dieser Einsamkeit den telefonischen Saft dran aufhängen zu können. Inzwischen ist man auch im weiteren Umkreis recht stolz geworden, daß ein so schönes Haus erhalten blieb, und es haben sich sehr viele Leut von der Regierung, von der Presse, Wissenschaftler und Vereine für das Anwesen interessiert. Aber vergebens haben sie im Telefonbuch nachgeschaut, wenn sie wegen einem Termin zum Besichtigen haben anrufen wollen.

Zum steten Gedenken sollten die bunten Teller dienen, die früher gern auf Jahrmärkten feilgeboten wurden.

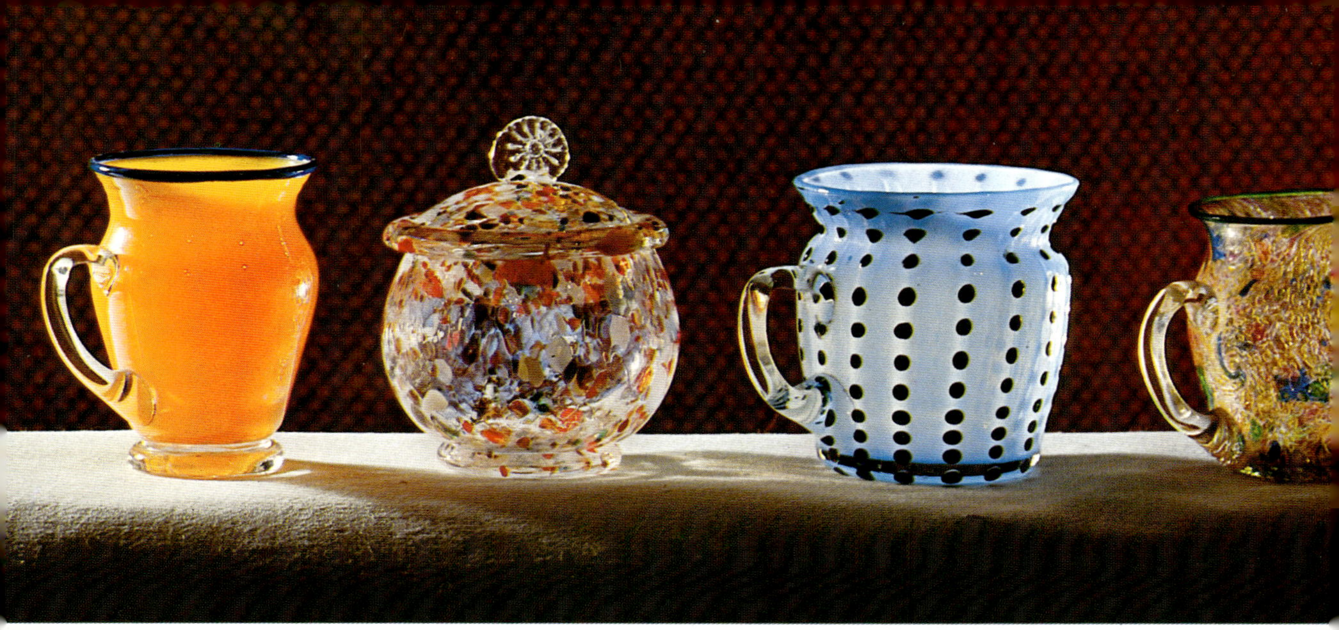

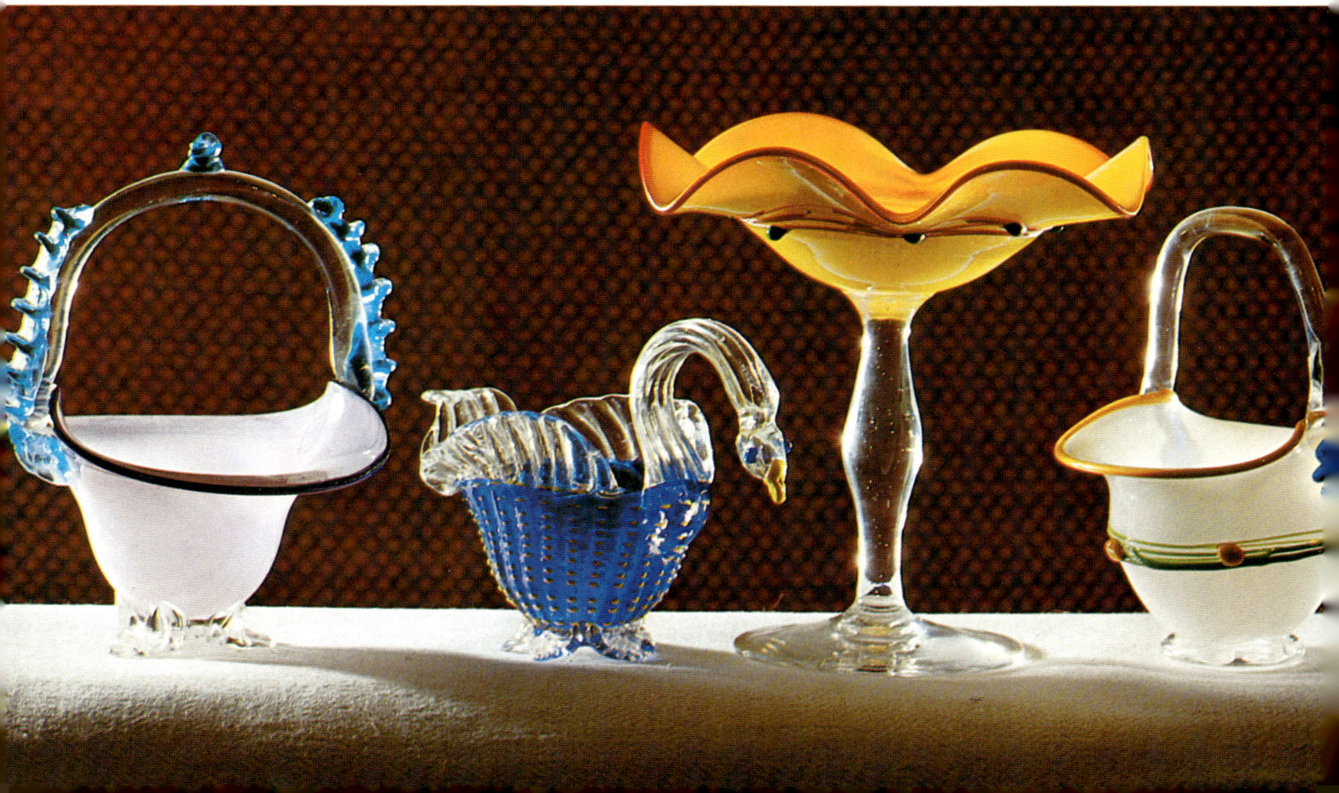

Das benachbarte Böh-
men lieferte Gläser
von geradezu prunk-
voller Buntheit und
Schönheit für
Gebrauch und Zier.

Die Prise Schmai ging
wohltuend in die Nase,
und das Auge erfreute
sich an dem Farben-
spiel der mundgebla-
senen Schnupftabak-
Gläser aus dem
Bayerischen Wald.

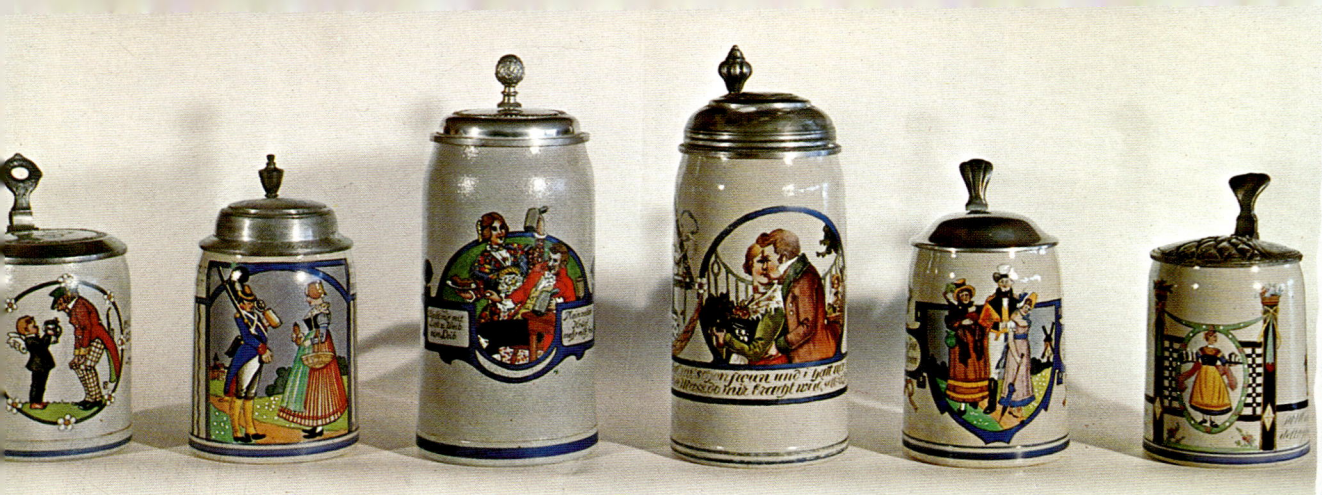

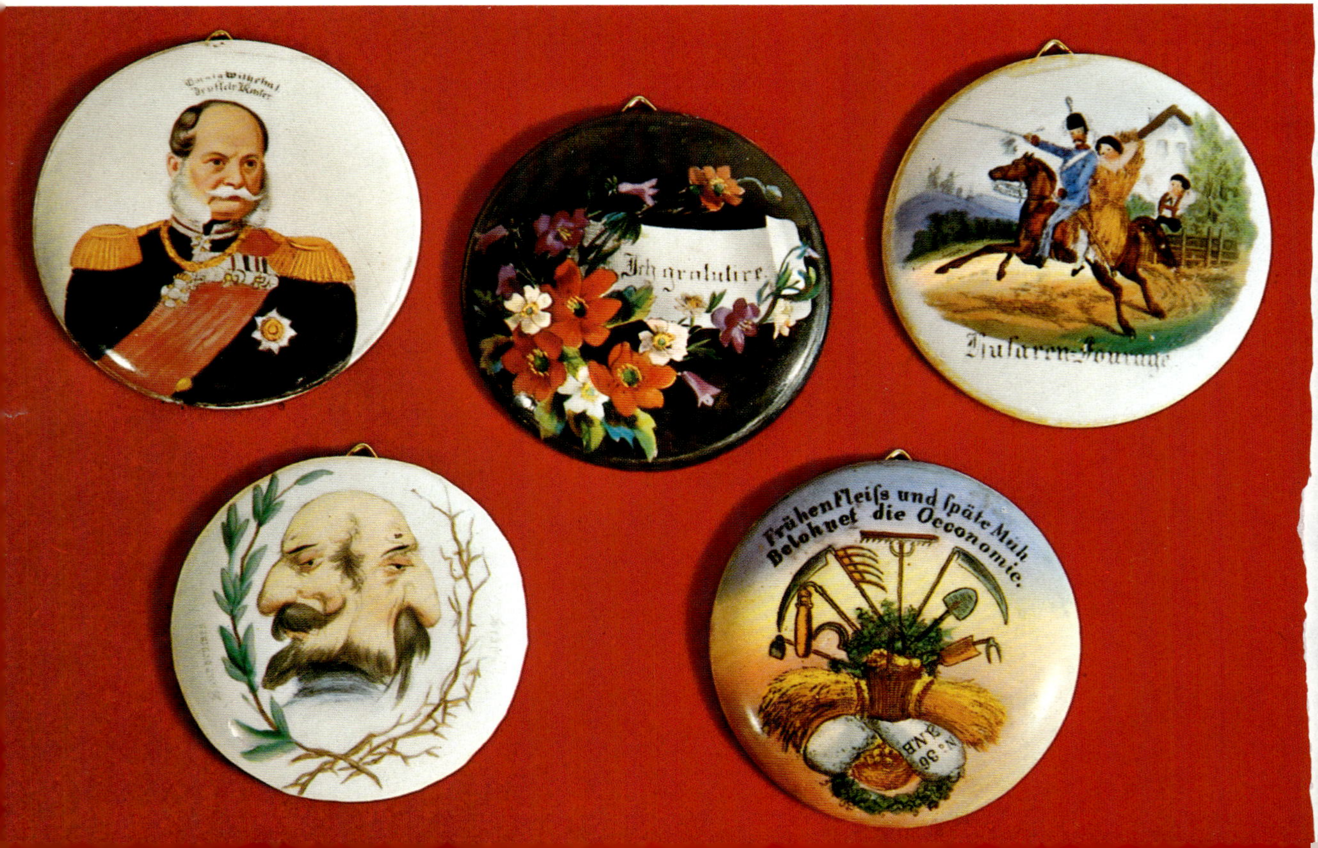

Ich gratulire
Husaren-Fourage
Frühenfleiss und späte Müh
Belohnet die Oeconomie.

Der Mensch hat Durscht,
die Zeit ist wurscht.
Es trank mit Lust
ein jeder Bayer
aus Jugendstil
und Biedermeier.
Doch Bierkrugdeckel
voller Kunst,
die gab's auch früher
nicht umsunst.

Das ist der Reser-
vistenkrug meines
Herrn Großvaters
Gregor Herz selig
aus Schongau. Zum
Angedenken an den
Deutsch-Französi-
schen Krieg 1870/71.

Auf der Hilgerhof-Tenne
lagerten früher Heu und
Stroh. Heut ist sie bäuer-
licher Festsaal, in dem
Heimatfreunde immer
gern zusammenrücken.

Da treffen sich Volksschauspieler, Dichter, Sänger, Musikanten mit
Städtern und Bauern zum echt bayerischen Hoagascht, bei dem jeder
reden, singen, spielen darf. Weil Heimatforschung und -pflege nicht unbedingt eine trockene Sach sein muß, kommen Bier und Humor da
nicht zu kurz.

Dieser reich geschnitzte Pfeifenkopf erzählt mit seinem in hoher künstlerischer Vollkommenheit in Zwetschgenbaumholz geschnitzten Relief eine ganze Geschichte. Fürstliche Reiter mit geharnischten Knappen werden von bittenden Waldbauern angehalten. Ein Waldbauernkind wurde vom Pfeil des Jägers getroffen. Schnitzwerk aus der Renaissance in streng gotischer Manier (ca. 1,5fache Vergrößerung).

Glas, Steingut, Porzellan und auch Holz gaben den Werkstoff für bäuerliche und bürgerliche Bierkrüge. Gern wurden sie mit schön geformten Zinndeckeln und darin gefaßten bunten Porzellanbildern montiert.

In der Kuchl waren früher nicht elektrische
Maschinen, sondern vielerlei Gerät wie der
Löffelrahmen, in dem sich Seihlöffel, Mehl-
schaufel, Nudelholz oder Butterradl finden. –
Aus Zinn waren Brust-Wärmflasche und das
Löffelherz, in dem die Eßlöffel parat hingen.
Kupferformen gaben Pudding und Gebäck
schönes Aussehen.

Brotbacktrog,
Brautschaffl,
Getreidemaß und
Butterfaß – Ge-
treidemetzen und
Backmuderl waren
vom Hof nicht
wegzudenken.

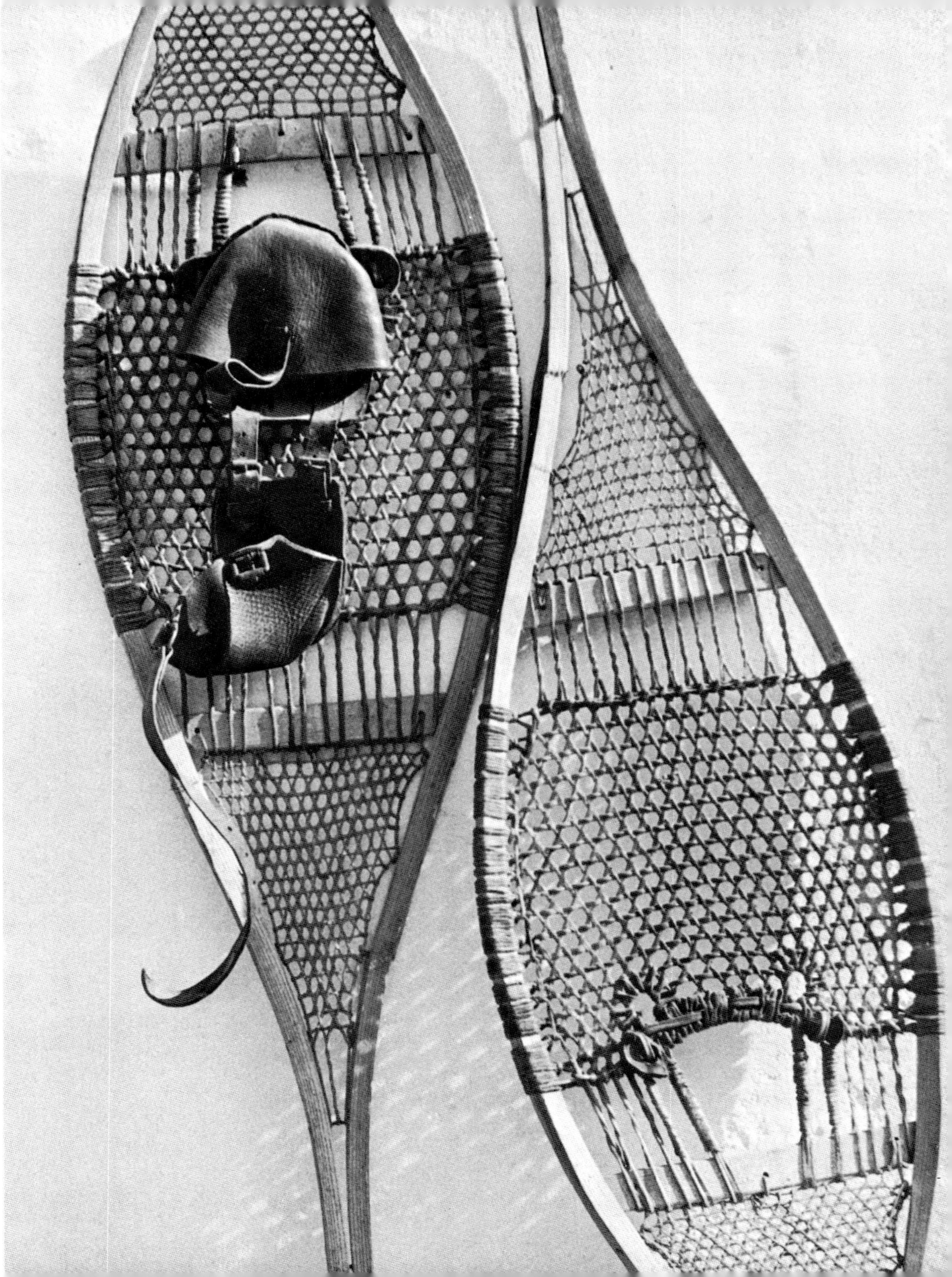

Vor dem Versinken
im tiefen Schnee
bewahrten mit
Darm versponnene
Schneereifen. Erst
Ende des 19. Jahr-
hunderts sind diese
vom Ski abgelöst
worden.

Mei, haben die Weiber-
leut früher schöne
Strümpf stricken kön-
nen. Überhaupt haben
die viel Sinn gehabt
fürs Hauswesen und
einen guten Ge-
schmack fürs Gwand.
Kunstvolle und ab-
wechslungsreiche
Muster haben die
schweren Hände der
Bauersfrauen voller
Feinheit zusammen-
gebracht; lustig und
bunt war ihr Garn.
Schad', daß sich die
Zeiten so geändert
haben.

Der Herr Landrat hat gesagt, daß er dann einmal von seinem Apparat aus telefonieren tät. Ich weiß nicht recht, wie das gegangen ist, aber drei Wochen später war das Telefon da.

Den Nachbarn hab ich den Hausschlüssel gegeben, damit sie auch haben telefonieren können. Das ist für manche eine Erleichterung gewesen.

Selber angeschlossen haben sich die Bauern aber noch lange nicht, denn die Grundgebühr ist ihnen zu hoch gewesen.

Anfänglich kam bei einer Telefonstörung ein Telefoner zu mir, weil er mit dem Beheben des Defektes nicht zurechtkam. Rumprobiert hat er über eine Stund lang, und gfuchst hat's ihn sakrisch. Aber dann hat er es mir ganz sachgerecht erklären können: »Woaßt, Herr Direkta, des is a so: Unsere Telefonmastn, de stenga doch mittn in de Wiesn drin. Und de Kiah, de Rindviecher, woaßt, de reibn se gern an dene Mastn. Und dabei konn's passiern, daß de Draaht obn z'ammschlankern. Siehgst, Herr Direkta, und wann des passiert, dann hörst du nix.«

Die Uhr war nicht nur sachlicher Zeitmesser. Der Mensch wollte seine Freud haben, wenn er nur aufs Zifferblatt schaute. Gemächliches Tick-Tack und Schlagen gehörten zum Hausgeräusch wie ein tropfender Brunnenhahn. – Ging die Uhr mal nicht so genau, war das kein Malheur. Im Zweifelsfall galten Sonne und Wetter, Hahnenschrei oder das Schlagen der Kirchenuhr. Schon vor dem Morgengrauen schnitt der Bauer das Gras fürs Vieh, und zum Abendgebet mahnte sowieso das Ave-Glöckerl vom Kirchturm.

Der Chiemgau

Ein Edler namens Chiemo ist der Taufpate des Chiemgaus. Die Grenzen dieses Gebietes sind geographisch ebenso schwer wie historisch zu umreißen. Vom 6. bis zum Ende des 8. Jahrhunderts gehörte der Chiemgau zu den Kerngebieten der Hausmacht der bayerischen Stammesherzöge aus dem Haus der Agilolfinger, die sich hier an der Klostergründung hervorragend beteiligt haben. Vor allem die beiden ersten Klöster des Chiemgaues – das Salvator-Kloster auf der Herreninsel und das Benediktinerinnen-Kloster auf der Fraueninsel – waren dem angestammten Agilolfinger Herrscherhaus treu ergeben. Daher wurden sie nach dem Sturz des letzten Agilolfingers – Tassilo III. 788 durch Karl den Großen – aus dem Diözesanverband Salzburg gelöst und auf die Dauer eines Jahrhunderts der Aufsicht des Bistums Metz unterstellt. Um die Mitte des 9. Jahrhunderts erhielt das Benediktinerinnen-Kloster auf der Fraueninsel sogar eine Äbtissin aus dem karolingischen Kaiserhaus: Irmingard, Tochter Ludwigs des Deutschen; vermutlich, um es dem neuen Herrscherhaus anhänglicher zu machen.

Im Mittelalter gehörte der Gau den niederbayerischen Herzogslinien an, im 16. Jahrhundert bis Anfang des 19. Jahrhunderts unterstand der größte Teil Burghausen. Ein Suffraganbistum aus dem 13. Jahrhundert bis zur Säkularisation weist das Land – aus kirchlicher Sicht – dem Erzbistum Salzburg zu.

Bei der Landesteilung 1255 kam der Chiemgau mit Ausnahme eines kleinen Landstriches zwischen Seeon und Obing, der stets oberbayerisch blieb, zu Niederbayern-Landshut. Bei der Wiedervereinigung von Ober- und Niederbayern kamen die Landgerichte Marquartstein und Traunstein zur Bezirksregierung von Burghausen. Erst bei der Neueinteilung der Regierungsbezirke in den Jahren 1802 bis 1804 kam der ganze Chiemgau wieder zum Regierungsbezirk Oberbayern-München.

Die geographische Beschreibung macht es nicht leicht, den Chiemgau deutlich einzugrenzen. Man kann ihn etwa als das Land bezeichnen, das südlich vom Alpenrand, westlich und nördlich vom Unterlauf des Inn und östlich vom Unterlauf der Salzach umrahmt wird.

*

Vom Gscheitsein hat der Ochs nix, aber's Heu mag er. Nicht geschwollen daherreden möcht ich, wenn ich dem Chiemgau mein Loblied sing, nur einige Rosinen aus dem köstlichen Kuchen dieses Landes mit sparsamer Hand herauspicken:

Das Bayerische Meer, der Chiemsee, der fünftgrößte ganz Deutschlands und der größte Bayerns, mit einer Fläche von über 84 qkm, liegt als Schaustück in seiner ruhigen Schönheit überwältigend im Land: Wenn kein Sturm ist, in stiller, lieblicher Großartigkeit zwischen weiter Moorlandschaft, saftig grünen Wiesen und der erhabenen Gebirgskette im Süden.

73 Meter Tiefe hat man gemessen, und er war früher weit mehr als doppelt so groß. Aber durch seine jahrhundertelange Verlandung hat er den Zauber von breiten Mooren und Heideflächen mit einer seltenen Flora und melancholischen Anziehungskraft hinterlassen. Seit Urzeiten hat sich diese Auenlandschaft nicht verändert, die zum Lebensraum von Tieren wurde, die in anderen Gebieten längst ausgestorben sind.

Wenn im Januar bei klirrender Kälte der See zufriert und der Schiffsverkehr mit der Herren- und Fraueninsel eingestellt werden muß, fahren Pferdefuhrwerke und sogar Lastautos über den See. Über die Spiegelglätte der Seeflächen, das muß man erlebt haben, kann man tagelang auf Schlittschuhen wandern.

Das Eisstockschießen ist hier Volkssport für Jung und Alt, für Arm und Reich, für Einheimische und Andersgläubige. Der Moar ist der beste Schütz beim Eisstockschießen, diesem typisch bayerischen Volkssport. Der bayerische Prinzregent ist ein Moar gewesen, und Ludwig Thoma war auch einer von der besten Sorte. Woanders hat man diesen zünftigen Bauernsport zum Curling gemacht. Aber dieses Wort steht zum Glück nicht im bayerischen Lexikon.

Die Luft hüpft wie Himbeerselters, wenn man über die Seen, Flüsse und Quellbäche schaut. Ursprünglich wild und rein kommen die Gebirgsbäche daher, fischreich und klar die Flüsse Alz, Traun, Ache und andere mehr.

Eine einmalig schöne Seenplatte mit über 100 Seen und zusammenflie-
ßenden Weihern prägt die Landschaft. Von Flüssen und unterirdischen Quel-
len gespeist schimmern und glitzern sie: Der Abtsee bei Laufen, der Waginger See an der Ostgrenze und der Tachinger See, Obinger See, die Seeoner
und die Schnaitseer Seenplatte bis zu den Eggstätter Seen und dem Simms-
see, Brunnensee, Griessee, Zwingsee und Frillensee bei Inzell, Tüttensee,
Weitsee, Löden- und Mittersee bei Seegatterl als besonders herrliche Ge-
birgsseen. Und dazu die Moorweiher, mattglänzend und weich, oft unmeß-
bar tief.

Der Bayernherzog Tassilo III. (746 bis 788) war der letzte Agilolfinger. Um
766 hat er ein Stift auf der Fraueninsel gegründet. Das Münster von Frauen-
wörth ist das zweitälteste Gebäude Bayerns, zwischen 850 und 880 erbaut
und bis zum Auslauf des Hochmittelalters als Reichsabtei geführt. König-
liches Stift hat es sich nennen dürfen, und die hohen Äbtissinnen dürften die
goldene Krone eigentlich noch heute tragen, doch ist der jahrhundertealte
Brauch jetzt abgeschafft.

Unter den großen Äbtissinnen ragt die selige Irmingard hervor. Große Bedeutung hat auch die Magdalena Haidenbucher. In der bösen Epoche des
Dreißigjährigen Krieges hat sie den Krummstab geführt, und sie vollbrachte
es, daß nicht nur ihre Nonnen und Frauen, auch die Bauern und Inselfischer
vor Plünderung und Brandschatzung verschont blieben. Flüchtlinge und
Heimatlose aus anderen Klöstern hat sie auf kleinstem Raum noch beher-
bergt und verköstigt.

Mauerreste des alten Kastells und Goldmünzen aus der Zeit Kaiser Neros
erklären die auch urkundlich nachgewiesene Bedeutung des am Nordende
des Chiemsees gelegenen Ortes Seebruck, römisch Bedaium. Hier hat man
unverhältnismäßig viele Sigillata-Scherben – das ist römisches Porzellan –
gefunden, woraus man auf die Wohlhabenheit der seinerzeitigen Bewohner
leicht schließen kann. Vielleicht ist Bedaium See-Erholungsort nobler Rö-
mer gewesen.

Der Lehrer Josef Kraus hat sich um Erforschung, Registrierung, Erhaltung
und Pflege der Zeugen großer Vergangenheit in und um Seebruck besondere
Verdienste erworben. Auch der Fotograf Carl Ostermayer ist besessen und
bemüht, jeden Tonscherben, allen Zierat und jedes Gerät aus den Römer-
gräbern sicherzustellen, zu ordnen und im Heimatmuseum aufzubewahren.

Mit dem Böller schoß man, wenn es laut und
feierlich hergehen mußte. Bei Anlässen wie
Fronleichnam oder Beerdigung war er nicht
wegzudenken.
Mit dieser Mausefalle wurde die am Speck
naschende Maus hingerichtet.

Mostkrug, Essig-
flasche, Bierkanne,
Milchhafen und viel
anderes Behältnis
war aus Steinzeug
geformt und blau be-
malt. Die Formen
wechseln von Land-
schaft zu Landschaft.
– Die Zunft der
Schäffler lieferte
Butterfaß, Getreide-
maß, Salzmetzen,
das Schaff für die
Wäsche und eines
zum Kindbaden, den
hölzernen Eimer für
den Ziehbrunnen,
den Milchstotzen
oder den Sechter. –

Zum Reich der Frau gehörten die Körbe für den Transport, fürs Kirschenpflük- ken und fürs Obst und die Bienen, fürs Näh- und Strickzeug, der Brot- korb und die stroh- geflochtenen Brot- backformen, die ge- flochtene Schwinge fürs Getreide, das Puppenkörberl oder gar der Schließkorb für d'Reis. – Freilich, so hell wie heut war's damals nicht, als die Lampen mit Kerzen oder – schon sehr fortschrittlich – mit Petroleum leuchteten. Wer sich mit offenem Licht- feuer im Stall er- wischen ließ, ist hart bestraft worden.

Im Friedhof von Seebruck liegt Katharina Thoma, die Mutter Ludwig Thomas begraben. Sie hatte zu Seebruck das Gasthaus zur Post.

Truna, die Chiemgau-Hauptstadt Traunstein, war schon 1254 Sitz des salzburgischen Pflegegerichts. Hier hat die Römerstraße – von Salzburg kommend und nach Augsburg führend – für Handel und Wandel gesorgt, und 1346 ist von Ludwig dem Bayern »die güldene Salzstraße« angelegt worden, die Reichenhall mit Wasserburg verband und in der Nähe von Traunstein die Traun auf einer Brücke überquerte.

Kurfürst Maximilian I. hat in den Jahren 1617 bis 1619 eine 31 km lange Soleleitung von Reichenhall bis Traunstein errichten lassen und ein Sudhaus, das zur Haupterwerbsquelle der Traunsteiner Bevölkerung wurde.

Hofbaumeister Kaspar Zucalli von München und Lorenzo Sciasca haben auf den gotischen Grundmauern 1675 bis 1677 die Stadtpfarrkirche St. Oswald erbaut.

Das mittelalterliche Gesicht Traunsteins ist durch die Stadtbrände von 1371, 1704 und 1851 stark angeschlagen worden. Die herzogliche Burg fiel dem von den Panduren 1704 gelegten Feuer zum Opfer. Dennoch entdeckt der Betrachter Fassaden-Details, Seitengassen und Höfe, die dem strengen Charme aus der Zeit bis ins Mittelalter ihre Reverenz erweisen. Das westliche Stadttor, der Brothausturm, birgt das mit Liebe arrangierte Heimatmuseum.

Bis 1526 zurück läßt sich der traditionelle Georgiritt zu der im freien Gelände bei Ettendorf stehenden gotischen Kirche nachweisen. Alljährlich führen zu diesem Ereignis am Ostersonntag Reiter in historischen Uniformen und Trachten ihre Rösser zur Pferdesegnung. Das Symbol bayrischer Frömmigkeit und Liebe zur Tracht legt hier die jubelnden Herzen der bayerischen Bürger, Kaufleute und Handwerker, ja sogar von Ausländern und den hartgesottensten Preußen – sollte es solche noch geben – frei.

Urschalling, das kleinste Chiemgaudorf mit seiner im 12. Jahrhundert errichteten Kirche, wer kannte es, bevor mitten im letzten Weltkrieg gotische Fresken aus der Zeit um das Ende des 14. Jahrhunderts entdeckt wurden? Mit frischen, kräftigen Farben ist hier ein bebildertes Gebetbuch, bald die volle biblische Geschichte ins Optische übertragen, für den Andächtigen an die Wand gemalt worden.

Wer hat auf dem Land schon lesen können? Nicht mit Buchstaben und Worten, mit Bildern haben den Andächtigen Christus als Weltenherrscher und Richter im Verein mit den Evangelisten und Aposteln begreifbar gemacht werden müssen.

Sündenfall und Erlösung haben die Gläubigen durch die starke Ausdruckskraft des Erschauten als nach innen klingendes Bild nach jedem Kirchgang mit nach Hause, in die Stube, in die Kammer getragen.

Mit verschwenderischer Pracht hat König Ludwig II. neben seinen Schlössern Linderhof und Neuschwanstein das größte erbauen wollen, das Versailles nachgeahmte Schloß Herrenchiemsee auf der Herreninsel. 1878 begann er, und bei seinem Tod 1886 hat er die Fertigstellung seines absoluten Königtums, dessen Mittelpunkt die 98 Meter lange Spiegelgalerie war, nicht mehr erleben können.

Seine Märchenwelt bezaubert nun alljährlich Tausende von Menschen, die die mit 2000 Kerzen erleuchteten sommerlichen Nachtkonzerte besuchen.

Der hochbetagt gewesene Geistliche Rat Eduard Pichler † von Schleching hat nicht nur alte schmiedeeiserne Grabkreuze gesammelt und mir sein Angelzeug geschenkt, weil es mit seinen Augen zum Fischen nicht mehr so richtig ging, ihm ist es zu verdanken, daß die heruntergekommene Streichenkirche wieder renoviert wurde. Die farbfrohen Fresken im Chor aus der Zeit um 1510 und insbesondere eine salzburgische Arbeit, die um 1400 entstanden ist – der kleine gotische Kastenaltar – sind die kleine Mühe wert, auf die Streichen zu steigen.

Die Perle des Chiemgaus aber ist die Insel-Klosterkirche Seeon. 994 vom Pfalzgraf Aribo I. gegründet und schon in der Römerzeit besiedelt, wurde Seeon bereits 924 in einer Urkunde als »Burgili« erwähnt und mit reichen Gütern ausgestattet. Für die früh-mittelalterliche Bedeutung des Klosters ist bemerkenswert, daß Kaiser Heinrich III. (gestorben 1024 zu Bamberg) die in Bamberg für seine Bistums- und Residenzgründung benötigten Bücher überwiegend in diesem Kloster anfertigen ließ.

Eine romanische Säulenbasilika mit Grundmauern aus dem 11. und 12. Jahrhundert erweist sich als Werk sichtbarer Stilepochen, das reiche Renaissance-Fresken aus dem Jahre 1579 und gotisches Rippengewölbe zeigt, das um 1430 entstand. Romanik, Barock, Rokoko, jede Zeit ist ablesbar. Die Epitaphe der Äbte aus dem 15. und 16. Jahrhundert stehen in der Barbarakapelle. Das Hochgrab des Stifters Aribo I., von Hans Haider in der Zeit zwischen 1395 und 1400 geschaffen, ist das früheste und besterhaltene Grabdenkmal in Oberbayern. In voller Rüstung ist der bayerische Pfalzgraf in Stein gehauen.

Weit über die Landesgrenzen hinaus berühmt, schuf der Meister von Seeon um 1430 die Seeoner Madonna.

Der den heutigen Gesamteindruck des Klosters weitgehend bestimmende gotische Umbau aus den Jahren 1420 bis 1430 geht auf den Meister Pürkhel zurück, der auch in Seeon gestorben und begraben ist.

Mozart und Haydn waren zu Gast im Kloster und spielten auf seiner Orgel.

Gruslig wirds, wenn man hört, daß im Hochschloß zu Stein ein unterirdischer Gang bis nach Trostberg begann, durch den der sagenumworbene Raubritter Heinz von Stein die bildhübsche Waldtraud raubte, die sich aber zur Bewahrung ihres reinen Schoßes lieber selbst umbrachte. Das Hochschloß geht auf vorgeschichtliche keltisch-illyrische Zeit zurück. Heute stellen die Anlagen, vornehmlich die Höhlenburg, eine Sehenswürdigkeit dar, die so schnell nicht ihresgleichen hat.

Dr. Richard Strauss, der große Komponist und Generalmusikdirektor, ehelichte eine Marquardtsteinerin und vollendete an diesem Orte seine bedeutenden Opern »Elektra« und »Salome«.

Als Einsiedler zog sich Graf Luitpold II. von Plain zur Buße auf einen Bauernhof bei Inzell zurück, nachdem er 1167 ganz Salzburg eingeäschert hatte.

Fürst von Bismarck hat seinen Sonderzug auf der Reise nach Bad Gastein eigens anhalten lassen, um seine Augen in der Schönheit des Chiemgauer Landes zu baden.

Der Minnesänger Tannhäuser soll von seiner Residenz am Tannberg bei Siegsdorf aus seine Minnereisen angetreten haben.

König Ludwig I. hat seinen guten Geschmack gezeigt, als er schon um 1830 aus der Dienstmagd und dem Laufmadl Helene Creszenz, der Tochter eines ehrbaren Trostberger Schuhmachers, »die schöne Trostbergerin« machte.

Die war so anmutig jung und schön, daß der König seinen Hofmaler Josef Stieler beauftragte, die Schuhmacherstochter Helene Sedelmayer zu malen. Die liebreizende Chiemgauerin ist zum Schmuckstück der Schönheitsgalerie, der sogenannten Galerie schöner Frauen, geworden, obgleich sie eine Bürgerliche gewesen ist. Dichter und Sänger haben sie als des Chiemgaus schönste Blume besungen.

In glühenden Worten schrieben, dichteten, sangen Christian Morgenstern, Felix Dahn, Ludwig Ganghofer, Viktor von Scheffel, Karl Stieler und Friedrich von Bodenstedt über den Chiemgau, von Ludwig Thoma (1867 bis 1921) mit seinen »Lausbubengeschichten« gar nicht zu reden.

Die Maler sind kaum zu zählen, die Seen und Land mit ihren Farben Denkmal um Denkmal gesetzt haben. Heinrich Bürkel malte den 1835 geschossenen letzten Bären von Ruhpolding, Wopfner allein die Fraueninsel hundertmal. Die Werke des 1593 bis 1650 lebenden Kupferstechers Matthäus Merian geben gleich einem Füllhorn wieder, wie es 1620 im Chiemgau ausgeschaut hat.

Wer heute den Chiemgau entdecken will und keine Staffelei sieht, der war nicht am richtigen Fleck. Er muß schon weg von der Betonpiste Autobahn und die Seitenstraßen und Täler per pedes in sich aufnehmen.

Balthasar Permoser, der bedeutendste Chiemgauer Bildhauer, geboren 1651 zu Kammer, Nähe Traunwalchen, ist Miterbauer des Zwingers von Dresden.

Der Gau ist so reich an Kunst, Künstlern, Kultur und historischen Bauwerken. Sie alle bedürfen keines Kompliments. Der Betrachter kann diese Werke hervorragender Schönheit nur mit Abstand, Achtung und gebührenden Verschnaufpausen bewundern, da der Eindruck zu stark ist. Unmöglich, all das Schöne hier zu skizzieren. Mir bleibt bei meiner Kurzfassung nur der Vergleich mit dem wissenschaftlichen Endprodukt des weltberühmten Chemikers Justus von Liebig, der sich bemühte, aus einem ganzen Ochsen einen Fleischbrühwürfel zu machen.

Gesehen haben müßte man alles, das Münster auf der Fraueninsel mit frühgotischem Campanile, die romanische Torkapelle und die Linden-

Da hängt der bayerisch-blaue Himmel nicht voller Geigen, sondern voller Strümpf, liebevoll und kunstfertig gestrickt.

Buntglasiertes Hafnergeschirr für den täglichen Gebrauch
stand der bäuerlichen Küche auch als Schmuck gut zu Gesicht.

Sammlung: Meist »Gröninger Ware« aus einem
lehmhaltigen Höhenzug bei Landshut.

Ja, das Chiemgauer
Land
hat a wunderschön's
Gwand.
Da hat der Herr
drob'n g'lacht,
wie er dies Land
gemacht.

gruppe, eine alte Thingstätte auf der Fraueninsel aus der Zeit der Land-nahme, die Baumburg, ehedem romanisch, 1754 bis 1757 vom Trostberger Baumeister Alois Mair und den Wessobrunner Stukkateuren fröhlich ins fromme Rokoko gebracht, die Ruhpoldinger Madonna, eine Holzplastik um 1200, die »Schnappenkirchweih«, gefeiert im Rahmen eines farbfrohen Trachten-Bergfestes vor der Kulisse der 1100 Meter hoch gelegenen Schnap-penkirche, Maria Eck, eine Wallfahrtskirche, als Heiligtum des Chiemgaus in der Vielzahl ihrer Votivtafeln die bäuerliche Frömmigkeit um Eisenärzt und Bad Adelholzen wiederspiegelnd, Schloß Amerang, Sitz der Familie des Freiherrn von Crailsheim, mit seinem eindrucksvollen Arkadenhof, der mit hervorragenden Konzerten belebt wird, das Kanzel-Schnitzwerk der Brüder Martin und Michael Zürn, im Jahre 1638 mit meisterhafter Hand für die Jakobskirche zu Wasserburg geschaffen.

Wasserburg, das »bayerische Venedig«, in der Halbinsel des Inn gelegen, ist einen Besuch ganz ohne Uhr und Terminkalender wert mit seinen für alle Inn- und Salzachstädte typischen rechteckigen Hausgiebeln, hinter denen sich die spitz zulaufenden Satteldächer verbergen. Hier hatte Hans Stethei-mer, Erbauer des Martinsdoms zu Landshut, seine Heimat; er ist berühmte-ster Sohn dieser Stadt.

Diese original bayerischen Schmankerl kann man nicht essen, nicht im Wirtshaus und nicht daheim; schreiben darüber, das geht schier nicht, und vom Lesen kriegt man nur den halben Eindruck. Schauen, erleben muß man sie!

Wie ein Rosenkranz in bunten Perlen reihen sich Burgen, Schlösser, Kir-chen und Kapellen, Klöster und Tore, Bodendenkmäler und Bauernhäuser, bei denen es wert ist, die Benzinkutsche anzuhalten, um zu sehen, was es dort Schönes gibt. Die Leut zeigen zurückhaltend behäbigen Wohlstand, sind fleißig und von rauher Herzlichkeit; wohlbürgerlich mit engster Verbunden-heit zur urbairischen Tradition.

Adam Gumpelzhaimer, 1559, der große Kirchenmusiker, ein Schüler von Orlando di Lasso, ist ein gebürtiger Trostberger gewesen. Aber auch heut noch haben die Leut eine Freud an der rechten Musi. Franziska Hager, die zu Traunstein geborene Chiemgaudichterin, schrieb 1870 »Die Musik liebt der Chiemgauer wie der Vogel sein Lied«.

Viele singen den ganzen Tag, weil sie eben mit dem rechten Fuß und frühzeitig aus dem Bett aufstehen. Von der Kirchenmusi, Gesangsvereinen bis zum Adventssingen, vom lustigen Gstanzl, Gsangl und Schnadahüpfl bis zum Trotz-, Hütten- und Almlied – überall ist das bayerische Herz drin.

Keine professionellen Gesangsstars klettern am Hilgerhof auf den Kraxlbaum zur Musikanten-Empore. Bauern und Handwerker sind's, Beamte und Angestellte, von den Alzviertler Buam bis zu den Eggstätter Sängern.

Die Daxenberger Zenzi, eine Bäuerin aus der Windschnur, die »Chiemgauer Nachtigall«, singt nicht nur echt bayerische Lieder, sondern putzt und wischt, mauert und packt zu wie keine zweite. Von der Stubnmusi in der Familie bis zur Bauernmesse von der Annette Thoma aus Riedering, die noch mit dem unvergessenen Liedersammler Kiem Pauli befreundet war, bis zum Erbe des Sängers und Musikanten, des heutigen Bezirks-Volksmusikpflegers Fanderl Wastl wurden viele zum fröhlichen Begriff, weit hinaus über die Grenzen des Gaus.

Das Trompetenblasen zur Fasnacht, zur Hochzeit, zur Beerdigung, bei Umzügen der Trachtenvereine wird ebenso gepflegt und geübt wie die Musi auf der Zither, Gitarre, Klarinette, Flöte, auf Hackbrett und Mundharmonika, wie die Liebe der echten Eingeborenen zum Kleid ihrer Väter, die Begeisterung zur Tracht. Die Lederhose, der dunkelgrüne Velourshut mit dem Gamsbart oder der Flaumfeder, der Janker aus Loden – eine Freud ist's zu sehen, wie der Mensch mit seiner Tracht schön sein kann und dazu ganz nebenbei den anderen unbewußt einen Sonnenstrahl ins Herz schickt.

Eine gute Hand für die Blumen haben die Chiemgauerinnen, denn es ist ihre Sach, daß das Haus innen und außen schön ist. Hängenelken, Geranien mit knalligem Rot, Fuchsien, Sonnenblumen und Petunien – Fensterbretter und Balkone hängen über und über voller Pracht. Die Blumenfreude, die Freud am Schmuck wird auch sichtbar am Hut des Burschen und als Zier am Busen vom Dirndl.

Es muß nicht unbedingt der schöne Schlier- oder Tegernsee sein, an dem sich heut bekannte Leut niederlassen. Hier bei uns hörst wenigstens noch auf der Straß oder im Wirtshaus den unverfälschten Klang der bayerischen Sprach, und es ist auch durchaus keine Attraktion für die Gäste, wenn ein

Einheimischer ganz von selbst, ohne Veranlassung des Fremdenverkehrsvereins, seine eigene Lederhose anzieht oder stolz seinen Gamsbart trägt.

Wir hier, wir sind keine gemachten Bilderbuch- und Ansichtskartenbayern! Wir hier, wir sind zusammen mit unserer unverfälschten altbayerischen Heimat ein Bilderbuch für uns ganz allein.

Und eine Landschaft ist das! Schier zum vergleichen mit einer überschwenglichen, grellen Kitschpostkarte; wenn sie nicht viel, viel schöner wär. Ein Heimatfilm nach Ludwig Ganghofer könnte die Berge nicht blauer, die Seen nicht tiefer, die Blumen nicht bunter und die Anger nicht grüner zeigen.

Die dunklen Wälder, die biegsamen Birken im Moos, die Erikabuschen und die kriechenden Berglatschen, das Wild, die Vögel – alles ist da. Eine Stille, beklemmend fast, unheimlich, heimlich.

Der Geruch vom Stall, vom Heu und Wald, das Summen der Bienen, alle Sinne fühlen sich gestreichelt.

Der Himmel ist weiß-blau, und die Menschen sagen: »Leben und leben lassen.«

Die Uhr beißt Zacken in die Zeit

Das Stunden-Wochen-Monats-Jahres-Album wird geschlossen. Nun erklären mich die Bauern nicht mehr für verrückt, und einer glaubt sogar felsenfest, daß wegen meiner Sach nun die Grundstückspreise steigen. Wenn ich über ihn was schreib, müßt unbedingt ein Honorar für ihn rausspringen. Glaubt der. Brennen wird er sich, der Kulturbanause.

Die Erhaltung des Hilgerhofes liegt wegen seiner Bedeutung für Kunst und Geschichte des Landes nun im öffentlichen Interesse. Das kleine Sach, das Hilgerhof-Anwesen in Niederbrunn, Gemeinde Pittenhart, Landkreis Traunstein, ist aktenkundig!

Das Bayerische Landesamt für Denkmalspflege hat die genannten Gebäude als Baudenkmäler in die Liste der schutzwürdigen Bauten in Bayern aufgenommen. Die genannten Objekte können zu Zwecken der Forschung und Volksbildung nutzbar gemacht werden.

Über zehntausend Heimatfreunde pilgerten zum Hilgerhof.

Rundfunk, Fernsehen, Reporter und Fotografen sorgten dafür, daß der Gedanke konstruktiver Denkmalpflege beispielgebend in Millionen Herzen Widerhall finden möge.

Ganz ohne Auftrag, aus reiner Freude an diesem einzigartigen Denkmal haben respektierliche Mitglieder der Poetenzunft Gedichte und Komponisten Melodien geschrieben, als Reverenz für den »Hilger und sei Sach«.

Was ist geschehen, seit ich z'Brunn bin? Kinder sind nicht da. Das Dorf stirbt; ein paar haben die Landwirtschaft aufgehört. Zwei Bauern und eine Kleinbäuerin sind nur noch da. Aber Telefon und Fernsehen haben s' jetzt alle. Anno Domini 1879 waren es noch 33 Seelen, von denen der Hilger damals eine ganz erkleckliche Anzahl stellte. Der Hilger von 1850 hat nämlich allein 14 Kinder gehabt. 1965 zählte Niederbrunn nur noch 18, und im Jahre des Herrn 1974 treten akkurat noch ganze 11 Stück zum Seelenappell an.

Dabei war die Kindersterblichkeit früher ungeheuer groß. Nachweisbar sind von 15 geborenen Kindern 9 in den ersten zwei Lebensmonaten gestor-

ben. Wer's dann aber schaffte mit dem Weiterleben, der hat auf dem Land oft recht alt werden dürfen. Der am 31.8.1697 geborene Mathias Hilger hat das biblische Alter von 95 Jahren erreicht. Zeiten und Leut ändern sich fast so schnell wie die Ansichten mancher Minister.

Als Schafstall ist der Hilgerhof einmal benutzt worden. Heut wird für die noch überlebenden Bauern das anzupachtende Land immer mehr. Billig wird es gepachtet, wenn es mit Maschinen gut zu bearbeiten ist. Brachland wird's wieder geben, und Schafe wird man sich dann wieder halten – als Landschaftspfleger und zum Versand nach Bonn.

In einem Hof sind langhaarige Hippies. Vor einiger Zeit waren nachts die Schandarm da. Mit einem Spürhund! Ich glaub, wegen Hasch oder sowas. Ich mein, daß die nimmer lang da sind. Sonst sollt man die nixnutzigen Umanandhocker so in d' Läng ziehen, daß s' in einer Kegelbahn übernachten müssen.

Eine Bäuerin hat in ihrer Stub'n einen Ständer auf der Kommode. Mit einer Perücke aus Hongkong oder Nylon. Eine Nofretete aus Plastik hängt an der Wand eines zweihundert Jahr alten Bauernhauses. Pfüat di Gott, schöne Gegend, da haut's di nieder!

Ich bin kein Dichter und kein Komödienschreiber. Ich bin ein ehrlicher Mensch. Schreiben tu ich nur das, was ich erlebt hab und was in meinem Herzen steht.

Meine Nachbarn sind gut. Wir halten zusammen! Aber die hupferten für mich nicht mehr durchs Feuer, wenn ich alles schreiben tät, was ich weiß. Das müßts verstehn, liebe Leser, weil ich mit denen leben möcht. Ich fürcht, die täten mir sonst mein Hüttn anzünden, und das möcht ich nicht gern.

Da ist's schon besser, wie's jetzt ist. Wir mögen uns in Niederbrunn. Mei, der Bürgermeister Engelbert Stöcklhuber von Pittenhart hat sogar eine Rede gehalten auf den Hilger, und die ist so gegangen:

»Ich bin nicht nur Bürgermeister von Pittenhart, also zuständig für hier, sondern auch Unternehmer. Ich habe Bagger und Raupen. Den Auftrag, den Hilgerhof zusammenzuschieben, hatte ich praktisch schon in der Tasche. Der Hans-Bauer wollte oben das Holz abräumen, und ich sollte dann mit meiner Raupen das Mauerwerk wegschieben. Damit das ganze wieder eine

Grasfläche wird. Aber einige Wochen danach ist der Hans-Bauer zu mir kommen und hat mir gsagt, daß er einen Damischen gefunden hätt, der ihm für die alte Hüttn a Menge Geld bezahlt hat. Dann war mein Auftrag futsch.

Später, wie der Hilgerhof wieder aufgebaut worden ist, da war ich mit meinem Geschäft auch dabei. Klar steht heute, daß ich im Rahmen des Wiederaufbaus mehr verdient habe, wie wann ich damals das alte Graffel weggeschoben hätte. Heute muß ich sagen, daß wir in der Gemeinde stolz sind, daß wir so ein schönes, altes, historisches Haus haben und dem neuen Hilger danken müssen.

Das sagt Euch der Bürgermeister, und des war mei Red.«

Und dann hat mir der Bürgermeister diese Urkunde überreicht:

EHRENURKUNDE
———

Herr Tosso Erwin Herz
hat den historischen Hilgerhof generalrestauriert
und vor dem Verfall gerettet.

*

Somit haben Sie dem Land Bayern
und unserer Gemeinde ein unschätzbares
altbayerisches Baudenkmal erhalten.
Für diese einmalige denkmalpflegerische Leistung
spricht Ihnen die Gemeinde
ihre Anerkennung aus.

Pittenhart, im März 1974

Stöcklhuber
1. Bürgermeister

Der gute Rat

Nichts haben ist eine ruhige Sach. Und man erspart sich auf alle Fälle, daß man von den Nachbarn ausgelacht wird oder daß die es einem später neiden. Wer's also nachmachen möcht mit so einem Hof, der soll erst an seine zukünftigen Hinterbliebenen denken, an ihre und seine eigenen Nerven und an alle vereinigten Sparschweine, die er erlangen kann. Unter Umständen muß nämlich auch noch die Sparbüchse von der Großmutter herhalten.

Der Herzinfarkt ist nahe! Schau erst mal nach, ob deine Lebensversicherungspolice in Ordnung ist, obst die letzten Beiträge bezahlt hast; frag deinen Doktor, was der meint, ob du das packst und richt dich drauf ein, daß deine Freundschaft sauer wird, weilst keine Zeit mehr für sie hast. Mithelfen tun dir von denen sowieso nur die wenigsten.

Und wennst fertig bist, hört die Plag noch lang nicht auf. Fertig wirst eigentlich nie, und du merkst erst zu spät, mit wie vielen Handwerkern du nun lebenslänglich verheiratet bist. Los ist immer was, wenn die Sach in gutem Zustand bleiben soll.

Überleg dir, obst als Neuankömmling am Sonntag mal in die Kirch gehen willst, bei der Listen-Sammlung für die Fahnenweih vom Schützenverein nicht knausrig bist und auch nicht nein sagst, wenn der Pfarrer für'n Kindergarten oder sonst was bettelt. Nach der Meß mußt natürlich ins Wirtshaus, und wennst einen Grant gehabt hast mit einem Handwerker, mußt trotzdem auf seine Leich gehn, und mit der Feuerwehr mußt dich sowieso gut stellen. Wenn die zum Sammeln kommen, darfst denen nicht einen Eimer Wasser zum Löschen spendieren. Des mögen die fei net.

Eigentlich möcht ich alle Leut bitten, die's irgend können, ein würdiges altes Haus zu retten, weil ja so viel kaputt gemacht wird, was nicht mehr zu ersetzen ist. Was tut unser Staat schon für die praktische Heimatpflege? Viel zu wenig ist es! 's Geld steckt er lieber in die Starfighter und in ein damisches, irrsinnig teures Olympiadach. Woll'n wir mal sehen, was länger hält, mein Hof oder das Graffl von Flugzeug oder das Monstrum von Dach!

Wennst das probierst, was ich gemacht hab, wird mancher sagen, daß du ein Pfundskerl bist. Zieh dein altes Gwand an und spuck in die Händ.

Und wenn dir's der Gsund oder's Geld nicht erlaubt, dann kauf dir halt eine schöne Tracht und gfreu dich an der weißblauen Luft, an dem schönsten Himmel von Bayern und sei überzeugt: Nichts haben ist eine ruhige Sach!

Heiliger St. Florian,
verschon dies Haus,
zünd andre an!

Die Versuchung ist groß

Sollten sich wider Erwarten unter den sehr geschätzten Lesern einige Herren Einbrecher, Kirchendiebe oder andere Schlawiner befinden, so gebe ich kund, daß alles listenmäßig erfaßt und jedes Trumm im Hilgerhof mit einem Fotoapparat eigens mehrmals abfotografiert ist; daß nicht nur die Nachbarn und ihre bissigen Hund auf mein Sach aufpassen, sondern versteckte Alarmanlagen und Lichtangeln meine Heiligtümer schützen und daß es überhaupts eine Schand wär, wenn einer sich dran vergreifen würde und er bestimmt in die Höll kommt, weil der kein Herz hat und ihn schnurstracks der Teufel holt, den Schlawiner, den greislichen.

Die Gefahr ist groß: Wilderer, Besoffene, Neidhammel und Brandstifter gehen um. Die trachten nach deinem Sach und – wenn's nicht leicht hergeht – nach deinem Leben. In jedem Tagblatt sind Seiten voll. Ausgeschamte Gauner brechen nicht nur in Kapellen ein. Gewitter und Sturm, Wasser, Blitz und Feuer kann dir alles nehmen.

Da hilft kein »frommer Spruch«, da muß dein **Versicherungsmann** her.

189

Dank schön

muß ich nicht sagen einem Hochwürdigsten Bischof, einer ehrwürdigen Schwester, einem sehr hochwohlgeborenen Adeligen oder irgendeinem Politiker.

Keinen Bückling muß ich machen, wie's der Anstand an dieser Stelle gebieten würde, vor Museumsdirektoren und hilfreich dienlichen Kustoden für eventuelle Leihgaben.

Sämtliche Altertümer, die im Buch und im Hilgerhof zur Freud von meinen Mitmenschen und Heimatfreunden zu sehen sind, hab ich mit manchmal gewaschenen Fingern eigenhändig zusammengetragen, und alles ist mei Sach!

Dank schön!

sag ich aber mit vollem Herzen den Herren, die mir mit Freud und Lieb hilfreich zur Seite standen:

Amtsrat a.D. Fritz Mayer, München, für die Archivarbeit
zur Erstellung der Hofgeschichte
Regierungsdirektor Gerhard Müller, Landratsamt Traunstein
Ernst Rieger, Trostberg
Hanns Roth, Bayerischer Landesverein für Heimatpflege eV, München
Dr. Otmar Schuberth, Freilicht-Museum des Bezirkes Oberbayern
Max Reinhart, Passau, für seine Kunst bei der Buchgestaltung
Trude Richter, Tegernsee, für die kunstvollen hintergründigen Zeichnungen
Martin Teschendorff, Passau, für die begeisterte verlegerische Betreuung, wie sie nur ein Preuß haben kann, der ein weiß-blaues Herz hat

Dank schön!

sagen möcht ich aber dir, lieber Leser, weil du mein Bücherl bis hierher gelesen hast und vielleicht mein Freund geworden bist. Trenn dich akkurat gleich jetzt von dem Buch, gib's deiner Freundschaft zum Lesen, vergiß es abzuholen und kauf dir halt ein neues.

Fotografiert haben:

Gottfried C. Beyenburg, München-Steingaden: Seiten 54, 69, 72, 133, 154, 160;

Tosso Herz, München: Seiten 17, 18, 23, 24, 49, 53, 77, 81, 109, 110, 111, 112, 128, 155, 170, 171;

Max Reinhart, Passau: Bucheinband, Vorsatz und Seiten 50, 51, 52, 55, 56, 70, 71, 78, 79, 80, 82, 83, 84, 89, 90, 91, 92, 93, 94, 95, 96, 97, 98, 99, 100, 125, 126, 127, 133, 134, 135, 136, 149, 150, 151, 152, 153, 156, 157, 158, 159, 161, 162, 163, 164, 169, 172, 177, 178, 179;

ZEFA, Düsseldorf-Oberkassel: Seite 180.

INHALT

7 **Suche altes Bauernhaus**

10 **Der Einödhof**

12 **Der Ankauf**

14 **Der Hof war recht, der Zustand schlecht**

19 **Von Grund auf**

22 **Die Handwerksleut**

30 **Der Bundwerkstadl**

35 **Der Heimatforscher**

48 **Die Chronik vom Hof**

74 **Der Experte**

75 **Der Holzwurm**

87 **Das Altertumssammeln**

104 **Der Koni von Obing**

113 **Das Glump**

115 **Das Briefschreiben**

122 **Die erste Einweih**

124 **Eine Geldkatz**

129 **Der Boandlkramer**

130 **Die Bettgeschichten**

137 **Der Wachsstock**

138 **Die Beichtzettelsammlerin**

140 **Die Nachbarn**

144 **Der Bräu**

145 **Das Derblecken**

148 **Das Telefon**

166 **Der Chiemgau**

184 **Die Uhr beißt Zacken in die Zeit**

187 **Der gute Rat**

189 **Die Versuchung ist groß**

190 **Dank schön**